九说中国

词曲吟唱的中国

陈建华 著

上海文艺出版社

出版者的话

作为人类四大古文明之一,华夏文明是世界上唯一没有中断并持续发展到今天的文明体系。这一文明体系发源于中国这片土地,在这片土地上发展壮大,立足于这片土地,敞开胸怀接纳吸收来自全人类的优秀文化元素,并不断向周边国家乃至全球传播,在对外交流中又进一步得到完善,从而形成了当今中国的文化面貌,也塑造着我们华夏民族优秀的精神品格。

对这样的文化,我们完全应该有充分的自信。而文化自信,是一个国家、一个民族发展中最基本、最深沉、最持久的力量。为此,我们决定组织编写这套"九说中国"丛书。

"九"这个数字，在中国传统文化中有着特殊的象征意味。在古时，九为阳数的极数，又是大数、多数的虚数，所以，既可以表示尊贵，也可以代表全部。据《尚书·禹贡》所载，大禹治水，后来称王，将天下划分为徐州、冀州、兖州、青州、扬州、荆州、豫州、梁州、雍州等九州；后来，九州可以代指整个中国。青铜器有"九鼎"，成语"一言九鼎"表示说话有分量。"九"还与"久"谐音，有长长久久、绵延不绝之意。

"九说中国"系列丛书在体例上力图打破传统的学科界限和历史分期，从文化表现的角度着眼，系统展示华夏五千年文明的核心元素与基本样貌，凸显中国思想的博大精深、中国文化的源远流长、中国精神的丰富多彩，进而揭示华夏文明所具有的独特气质和深刻内涵，展示华夏文明的兼容并蓄和强大生命力。

中华优秀传统文化需要创造性转化，需要创新性发展；转化与发展最终一定是从实处、细微处生发出来。"九说中国"系列丛书邀请对中国文化素有研究的学者，从承载中华优秀文化的诸多细小的局部和环节入手，从最能代表中国气质、中国气象、中国气派的人物、事物、景物、风物、器物中，选取若干精彩靓丽的内容，以生动的语言和独特的叙事方式，描述华夏传统的不同侧面，向读者传达中华优秀传统文化的精气神。

"九说中国"系列丛书将分辑陆续推出，每辑九种。第一辑九种书目，涉及文字、诗歌、信仰、技术、建筑、民俗日常，并推究建立于其上、传承数千年的华夏观念。为了让海外读者有机会了解中国文化的博大精深和丰富多彩，本丛书在适当的时候还拟推出多种语言的国际版。

上下五千年，纵横一万里。"九说中国"系列丛书力求涵盖面广，兼顾古今，并恰当地引入中外比照；做到"立论有深度，语言有温度，视野有广度"，同时用当代读者喜闻乐见的表达形式加以呈现。

当然，丛书的编写是否达到了策划的预期，还有待读者诸君评鉴。欢迎各位随时提出批评改进的意见和建议。

自　序 / 001

一　传统抒情与典律转换 / 001

二　王国维：《人间词话》的现代转向 / 031

三　温庭筠：美女的妆台镜像 / 047

四　欧阳修：词的桃花运 / 067

五　柳永：词的厄运与荣耀 / 091

六　李清照：优雅的反叛 / 117

七　苏轼："以诗为词"与抒情的节制 / 153

八　姜夔："艳词"传统的内在裂变 / 185

九　关汉卿：响珰珰一粒铜豌豆 / 219

自 序

算起来快要三年了,那天约好在番禺路上的皇冠大酒店里见到孙晶女士和张艳堂君。他们告诉我正在和文艺出版社策划出一套书,主题是中国文化,从历史、社会、文学到日常文化的方方面面,当然少不了园林、茶、酒等。每人一题,篇幅不大,随笔风格,都要凑个"九"数,比方说如果是文学可以选九个文本。我听了很来劲,觉得现在讲中国文化的触目皆是,这套丛书却独具一格。他们的计划很丰富周到,我们也聊得愉快,像酒店精致的下午茶。

连我的任务都想好了——写"词曲吟唱的中国"。我觉得挺爽,从前在复旦读研究生的时候就写过古典作品鉴赏之类的文章。答应爽快还另有原因,那时我刚好从交大中文系转到复旦古籍所工作,想想这些年古典碰得少,可以乘机给自己补补课。

不料着手之后大费周章,一认真起来就绕不过自己这道关。

"词曲"主要是宋词与元曲,既是"词曲吟唱的中国",得先讲宋词。其实我从前学的专业是元明清文学,跟赵景深先生读过戏曲史,对词不是专家。不过宋词也确是我的心之所爱,虽然没系统学习,也读过不少。少年却多愁,特别喜欢那些软玉温香的作品,正值"灵魂深处闹革命"的年代,把欧阳修、二晏和秦观的词抄下来,订成一本小册子。

本来想挑九首脍炙人口的词曲讲解一下,挑哪些呢?怎么个写法呢?一时间各种想法纷至沓来。近些年宋词挺热火,也看到几种流行的讲宋词的书,总觉得自己要写的话,应当像自己写的东西,要有点新意才好。在今天新旧交嬗变至为快闪,早晴晚雨如微信刷屏。的确,一代也有一代之思想，各人对时代的感应不一样，对我来说，旧的不甘心，新的跟不上。或许还是因为一向在学院的围墙里打转，离不开"文学史"那一套，文学批评啊，理论啊，宏观微观的研究方法啊，讲多了不一定有人看。近年来我的一些朋友在做有关中国"抒情传统"的研究，我好像蹭热点，也写过文章做过讲座，这回越看宋词就越是朝这方面去想，就越觉得十分的应该。

抒情文学离不开感性或性感，《诗经》可说是"抒情传统"的源头。一般认为"三百篇"由孔子删定，《论语》中也有些有关《诗经》的话语，若把两书合起来读，有些地方读不通，觉得好玩。如夫子说："诗三百，一言以蔽之，曰：'思无邪。'"意谓没有邪念，道德上"归于正也"。（程树德《诗经集释》，中华书局，2013，页76）因此"小子何莫夫学诗"？要求弟子们读诗，这就等于把《诗经》当作情感启蒙的教材，然而又说"郑声淫"，岂非自相矛盾？按照朱熹的解释，"郑风"与"卫风"都有不少"淫奔"之诗，为什么孔子单单谴责"郑声"？他说不光因为"郑风"的"淫诗"数量更多，而且

"卫犹为男悦女之词，而郑皆为女惑男之语。卫人犹多刺讥惩创之意，而郑人几于荡然无复羞愧之萌，是则郑声之淫，有甚于卫矣。"(《诗集传》，上海古籍，1980，页56)说"郑风"都是女性发声，那大概是中国最早的女性文学了。"女感男"恶莫大矣，而且"几于荡然无复羞愧之萌"，说明在表达爱情方面是很大胆的。朱熹有道学偏见，但读书有不少灼见。

有一回孔子问他的儿子是否读过"周南"与"召南"的诗，如果没读过就等于面墙而立——一无所见，寸步难行。历来为《论语》作注解的都认为"二南"之诗最能体现周王朝的伟光正，写男女爱情"皆无淫荡狎亵之私，而有肃穆庄敬之德"。(《诗经集释》，页1391)其实"召南"中《野有死麕》一诗写"有女怀春，吉士诱之"，关乎上古"野合"的习俗。近人高亨在《诗经今注》中说："这首诗写一个打猎的男人引诱一个漂亮的姑娘，她也爱上了他，引他到家中相会。"(上海古籍，1980，页31)这么说与"郑风"相比"淫"意更甚。朱熹说《野有死麕》最后一章"乃述女子拒之之辞"，表现了"凛然不可犯之意"(《诗集传》,页13),这女子坐正立稳,可敬可佩。这当然出自维护"二南"的政治正确的立场。不过朱熹也很复杂,是他指出"国风"大多是表达男女之情的里巷歌谣,推翻了汉代以来政治性解释,由是引起轩然大波。问题大了:孔子何以把这些"淫诗"收入《诗经》?"诗无邪"又怎么理解呢?道学家们争论不休。朱熹主张"存天理,去人欲",但对于"人欲"的发现意义深远,我曾在一篇文章里称之为诠释学的"哥白尼革命"(《古今与跨界》,复旦大学出版社,2013)。他的这一观点一直影响到"五四",当然一致反对"天理"而肯定"人欲"。

最近读到周志文教授的《论语讲析》一书,讲解"诗无邪"时认为《诗经》整体上"都是真心的创作,都是至情流露","写诗的人纯真而无邪"(北京出版社,2019,页50),顿时眼前一亮。古人提到过这个"邪"字"非邪恶之邪也"(《论语集释》,页76),仅一闪而过,未成为主流意见,而周教授的解释一扫旧见,我觉得似乎是更接近古意的。看来孔子在某些地方也是个性情中人，这或许对《野有死麕》可作别解，据司马迁的《孔子世家列传》，孔子本人是"野合"出生，因此叫他的儿子读"召南"也很自然——这有点像乱弹了。

《论语》由孔子的学生与学生的学生编撰而成，历时既久，记载夫子的话七嘴八舌，难免出现矛盾。这正是这本经典的可爱处，不仅孔子有立体感，而且带来无数诠释空间。又如《论语》中孔子大谈"孝道"，其中一条是"父母在，不远游"。而他自己为何周游列国十四年？他自己幼年时父母已经亡故，似乎问题不大，但跟随他的众多弟子们呢，岂不都成为不孝子孙了？

到汉代独尊儒家，形成"三纲五常"的意识形态，这是符合一统帝国的需要的。首重孝道，有利于稳固家庭与社会秩序，发展生产力。《论语》与《诗经》等都被列为儒家经典，联手打造了"诗教"。《诗经》以《关雎》开端，我们知道是一首情诗，而汉代《毛诗序》说："后妃之德也。风之始也，所以风天下而正夫妇也。"把它说成是歌咏周文王之妻的美好品德的，冠于《诗经》之首，就是为天下家庭作榜样的意思。又说诗歌要"发乎情，止乎礼"。因此"诗教"与"礼教"相辅相成。《论语》中称《关雎》："乐而不淫,哀而不伤。"意谓表达悲喜之情不能过分,对于文学的感情表现也具有美学规训的意味。

《诗经》与《论语》中的文学话语几乎主宰了后来的文学创作与批评,这不利于抒情文学的发展。最近在读张爱玲。她一生写爱情和家庭,对《红楼梦》与《海上花》情有独钟。她说中国是"爱情荒","不但谈恋爱'含情脉脉',就连亲情友情也都有约制。"(《海上花落·国语海上花列传Ⅱ》,上海古籍出版社,1995,页647)这是指中国文学长期受到"发乎情,止乎礼"的"约制"而言。"爱情荒"看似"俏皮话",寓意颇为深刻。虽然,从文学史看并不尽然,至晚明时期"情"潮奔涌,涌现了《牡丹亭》《三言》等大量作品,形成一次灿烂夺目的抒情文学的高潮,这为我们所熟知。

唐诗宋词元曲,所谓"一代有一代之文学",各擅胜场,都代表中国文学的成就,这是现代看法。过去不同文学类型之间存在权力阶序,词曲是遭到正统阶级排斥的。清代《四库全书》说:"词曲二体在文章技艺之间,厥品颇卑。作者弗贵,特才华之士以绮语相高耳。"(《四库全书总目》,中华书局,1981,页1807)后面一句有意思。"特"字意谓"只不过"或"特别是",指少数人,而称得上"才华之士"的非同一般文士;所谓"绮语",对词来说即称"艳科",以表现男女之情为主。撇开正统歧视,与诗相比,词不以"言志"为务,不够包罗万象,体大思精;与曲相比又不那么通俗大众,却朝抒情一路发展,具纯文学倾向,在讲究形式方面很有"为艺术而艺术"的意味。

词与诗的基本区别在于音乐性与长短句式,最初似是偶然的,为域外传入的曲调配词,在民间流行开来。而文学也见缝插针,总会找到自由的空间。偏偏像温庭筠、柳永这类落魄文士,沉迷于城市生活,与歌女乐工打成一片,又从往昔的抒情作品汲取养分,于是创建了个人风格。也是他们的幸运,因为词是"新体",如入无人之境,且发挥了"长短句"的潜力,为情感表现带来新的节奏,那是前所未有的,由是风靡一时而具范式的意义。

诗歌到唐代已是参天大树，不料旁边生出一株新苗，其生命力异常顽强，不断发展与演变一直到近代，产生大量经典之作，理论上也自成体系。其实词的抒情特质根植于生活与文学传统之中，《诗经》的"里巷歌谣"与《楚辞》的"香草美人"已启其端，到晚唐如杜牧的"十年一觉扬州梦"或韩偓的"香奁体"等更对道德防线有所突破，开拓了"私情"表现的领域。有趣的是《毛诗序》硬生生把周文王及"后妃之德"套在《关雎》上，乃书生自作多情，首先是帝王们不买账，如《玉台新咏》收录情诗达八百七十首，其中许多"艳诗"和"宫体"诗恰恰为梁简文帝萧纲所提倡，大多是王室后宫的唱和之作。这部总集对抒情传统具里程碑意义，也对词的发展产生巨大影响。尤其是南唐李后主，一个亡国之君却以少数作品在词史上彪炳千古，无可超越。历史上不乏"不爱江山爱美人"的君主，他却是不爱江山爱文学，得到王国维的倾情赞颂："后主则俨有释迦、基督担荷人类罪恶之意"（《人间词话》，上海古籍，2018，页21），把后主看得比任何帝王都伟大，大约诺贝尔奖奖辞还没这么夸张，但在当时中国语境里，这对于词来说，不啻是对它的崇高文学地位的一种现代性确认。

如果说这本小书有什么特别，"形式"是个关键词，是我对词史探究的切入口。手头有一些词的选本，如朱祖谋的《宋词三百首选注》、龙榆生的《近三百年名家词选》等，而引起我思考的则是胡云翼的《宋词选》，上世纪六十年代初出版的，偏重"豪放"一派与反映民间疾苦之作，而对"婉约"派颇多批评，尤其说姜夔代表"形式主义"而加以贬斥，那时强调"社会主义现实主义"，故不足为怪。现在我们知道文学批评十分重视"形式"，理论上还得归功于俄国"形式主义"学派。不过批评归批评，胡云翼还是选了姜夔的代表作《暗香》与《疏影》，并做了认真的笺注。我早年就喜欢这两首词，不大能领会其妙处。这些年来自己比较关注"记忆"与文学关系的讨论，因此重读姜夔这两首作品便浮想联翩，觉得实在是好。

有意思的是，王国维差评姜夔，说他的词"如雾里看花，终隔一层"。又说《暗香》《疏影》"格调虽高，然无一语道着"（《人间词话》，页40—41）。从近现代思想变迁的大背景看，甲午之后出现一种简约中国文化遗产而使之进入"现代"的倾向。王国维的"隔"与"不隔"之论，是基于一种科学的"眼见为实"的"写实"标准。胡适的《词选》也如此，更强调白话。胡云翼的"形式主义"另加了意识形态的内容，其实也是沿着"简约"的思路而来。当然王国维和《人间词话》是非常复杂的，我只是强调他的"写实"观，在这一点上他有别于晚清词派，对于词史来说意味着古今之间的断裂。我先是在《书城》上发表了《〈人间词话〉的现代转向》一文，讲得较简单，后来在华师大作了题为《王国维〈人间词话〉与视觉现代性》的报告，讲得比较明确些。但这不是个简单的问题，我至今在不断思考。

我想应该从"形式"方面重新考察词的发展史。不禁想起有一次回上海谒见章培恒师，他给我一套新版的《中国文学史新著》，并说起"形式即内容"的问题，认为应当加强"形式"研究。他也在著作中指出对于文学史的现代"断裂"问题应当在整个发展过程中加以考察，才合乎历史的真实。

词属另类，在温庭筠、柳永之后，继续在民间发酵，且成为达官贵人的后花园、科举失意之士的避风港、才子才女的竞技场，遂日益茁壮。至苏轼"以诗为词"，意味着诗词之间出现一种新的关系——老大哥不能无视小弟弟了。至南宋"豪放"兴起，"婉约"也不示弱，姜夔起了关键作用，其"清空"风格也与苏轼有亲缘性，为词学开出新局，感情表现含蓄而节制。至清代词学仍然发达，讲究词的形式是保持其独立发展的前提，姜夔扮演了不可忽视的角色。

本书开头两篇有关词史及其批评的一些反思，后面选了温庭筠、欧阳修、柳永、李清照、苏轼和姜夔，大致上在中国"韵文"大传统中着重"抒情传统"的发展线索，显示诗词之间的关系，而凸显个别词家的特殊风格及其贡献。本是"札记"，涉及的这些词家很有限，不能涵盖整个"词史"。记得原先递交的名单里好像还有纳兰性德、龚自珍和黄摩西的，结果兴之所至，匆匆打住。

既云"词曲",以关汉卿压轴,作为"曲"的代表,显得头重脚轻。受时间限制,另一方面也是没想周全。写法也属老式的评传,既突出"形式",总要作名篇细读。写到姜夔,得细读《暗香》与《疏影》,典故多,要与诸家商榷,不觉写了近万字,太长,便换成他青年时代的《扬州慢》了。

写作过程不免辛苦,却十分愉快,得到好些朋友的鼓励和帮助,也有些趣事。这些文章题为"词史札记"在《书城》杂志连载发表,得到齐晓鸽女士的一路支持与编辑。李庆西先生是词学专家,第一篇题目《抒情传统的典律转换》就是他起的,十分妥帖。还有顾红梅女士邀请我在《书城》的"知本读书会"作了《宋词与中国抒情传统的美学发展》的讲座,竟一气讲了两个半小时——多亏听众的包容!

有一回老友贺圣遂见我说看了谈王国维《人间词话》那篇,说好,敢批评王国维。他说研究王国维的"境界说"汗牛充栋,而我的"新见"触及了带有根本性的问题。我欣欣然有得色,然而回头想,当时清华国学院的王国维、陈寅恪和梁启超诸先生是何等气象，虽然学术乃公器，有不同意见可商讨，但他们所建立的现代学术范式至今仍具垂则的意义。有人贬低陈寅恪先生的学问，却出言轻狂，似乎很了不得的样子，我只觉得好笑，如果想要刷存在感的话，也属下策吧。

去年11月里受邀在古籍书店的博雅讲坛作了题为《才女不累——李清照与抒情传统》的讲座，先是我在微信圈里发了海报，有点评说："踢馆艾朗诺。"那是老同学的戏言，使我自警。前两年艾朗诺教授的《才女之累——李清照及其接受史》的中译本出版，我的题目看似来意不善，但我无意成为那类专踢海外大咖学者的勇士，没有那种上纲上线的本领，其拙劣踢法令人掩面失笑。我与艾教授并无交往，但很钦佩这位哈佛前辈，读过他的关于欧阳修、苏轼的著作，这本写李清照的也非常扎实，给我很多启发。因此我的讲座开场白就特意致敬艾先生，说"才女不累"只是从文学角度出发别作一解，指出明清以来李清照受到词家们一致而高度的赞扬，对其改嫁问题的争论限于历史与道德领域，说明学科界限更为专业化,而抒情传统更具文学的自主性,对女性文学的发展也起到促进作用。

有点像临时抱佛脚,一家一个案,需要看很多材料,手头有的不够用。特别注意龙榆生、唐圭璋、夏承焘诸先生的著作,都是朱祖谋的学生,通过他们也稍能明了晚清至现代的词学传承,同气连枝,风义相尚,令人感奋。近年来他们的词学著作重新整理出版,泱泱大观。中华书局的郭时羽女士给我寄来她编辑的龙榆生的《词曲概论》等四种,于是根据新版我把书稿的引文审核了一遍。夏承焘的《唐宋词人年谱》及续编、《白石诗词集》等都是从孔夫子网上购得的,两三天就能到手,比跑图书馆便利得多。不少书如唐圭璋的《词话丛编》、宇野直人的《柳永论稿》等,是通过我的博士生韩小慧,常常立时三刻从微信传来电子版,更节省时间和空间。我想他能获得这些,也一定是付费的。

在本书即将出版之际,对于策划选题与给予帮助和鼓励的朋友们,对于文艺社和本书责编胡曦露女士,谨表诚恳的感谢。自知无论在立论与词家研究方面尚有不少值得细究与展开的地方，诸如对于柳永作品的"类型"分析、把一些谣传八卦的批评当作史料以及苏轼的自我"虚构"等问题，这里就不啰嗦了。毕竟这是个"急就章"，难免有思虑欠周、言不达意之处，万望方家赐教为祈。

       2021年1月25日于海上兴国大厦寓所

壹 传统抒情与典律转换

传统与个人才能

　　王国维《宋元戏曲考》的自序劈头第一句："凡一代有一代之文学：楚之骚，汉之赋，六代之骈语，唐之诗，宋之词，元之曲，而后世莫能继焉者也。"（周锡山编《王国维集》第3册，中国社会科学出版社，2012，页3）与此相似的表述有不少，如清初的李笠翁说："历朝文字之盛，其名各有所归，汉史、唐诗、宋文、元曲，此世人口头语也。"（《闲情偶寄》，《李渔全集》第3卷，浙江古籍出版社，1991，页1—2）对各朝文学的选择与王国维不尽相同，但"一代有一代之文学"成为"世人口头语"。讲多了就好像天经地义起来，颇像二十四史的改朝换代。的确，中国人最富"革命"思想，如《易经》的"汤武革命，顺乎天而应乎人"这句话是汉代人说的，到后来却不幸应验，皇朝循环如走马灯一样。难怪外国人要把《易经》翻译成 *The Changes*，视之为中国哲学的宝典。但是，两千年前的中国就有《诗经》《楚辞》，代表诗歌的辉煌成就，那么为什么要突出"唐诗"，为什么被"宋词"取代，又被"元曲"取代？

王国维讲"一代有一代之文学"，不一定含有那时开始流传的进化论，不像后来的文学史到了唐代就大讲诗，到了宋代就大讲词，到了元代就大讲曲，到了近代当然就大讲小说，有了所谓文学"发展"的观念。如果从诗、词、曲到小说可看作文学形式上的演变的话，终究不像皇帝的新衣可以换了又换。事实上，文学也在不断"革命"，却有其自身的顺昌逆亡的法则在。

"一代有一代之文学"之论出现得较迟，有人说可追溯至金元之际刘祁的《归潜志》："唐以前诗在诗，至宋则多在长短句，今之诗在俗间俚曲。"这毕竟是个别的，到明末清初讲的人多了，涓涓细流催生一种通识。如陈继儒说:"先秦两汉诗文具备,晋人清谈书法,六朝人四六,唐人诗小说,宋人诗余,元人画与南北剧,皆自独立一代。"或如尤侗宣称"楚骚、汉赋、晋字、唐诗、宋词、元曲"。(参钱锺书《谈艺录》,中华书局,1993,页26—31)讲法各异,有一点是共通的,即把文学看作活力不竭的长河,形式上新陈相替,各时期产生某种如雅各布森所说的"主导"氛围,释出无限空间,聚集创造能量,涌现了大量作品,而作者是关键,楚辞有屈原,汉赋有司马相如、枚乘,晋字则数二王,若把各种体式比作星座,那么唐诗犹如北斗,李杜之外有韩愈、李商隐、李贺、白居易等,其他宋词、元曲与小说的代表作家数也数不过来。

中国人向来尊奉传统与经典,首先是由儒家"四书五经"建构的传统。正是在明清之交产生某种文学传统的新观念,其间少不了思想推手,李卓吾的《童心说》一文具象征意味。他把《西厢》《水浒传》称为"天下之至文",意在提升戏曲小说,同时把《论语》《孟子》等儒家经典怼为"糟粕"。其实,李卓吾并非不崇拜孔孟,只是指出他们的著述用当时的口语写成,是时代的产物,而把它们奉为万世不变的经典并教人从小诵读,是一件荒唐的事。从这一点看,李卓吾颇有点历史唯物主义的意思。《童心说》以挑战姿态对儒家经典传统造成内在颠覆与转移,为文学传统的重构拉启了闸门。

其后,金圣叹把《庄子》《离骚》《史记》《杜诗》《水浒》《西厢》列为"六才子书",与李卓吾一脉相承,而维度不同。"一代有一代之文学"是纵向思维,而"六才子书"则是横向的。在"经史子集"的知识体系中,《庄子》属于"子部",《史记》属"史部",《离骚》与《杜诗》属"集部",金圣叹打通分类,像今天的跨学科时髦作派。其实把《庄子》、《离骚》、《史记》与《杜诗》列为一起问题不大,都历经淘洗,是公认的经典,但《水浒》和《西厢》还属当代文学,其经典性还缺少时间的磨洗与士人的认同,因此从李卓吾呛声到金圣叹呼应,凭的是怎样一种先锋的嗅觉?事实上他们已自任为新兴市民阶级的代言人,在东南沿海一带城市经济与文化愈趋发达,小说、戏曲表达了大众的情感与欲望,按照王阳明"满街皆圣人"的说法，皆出自人的"心源"，本无贵贱之分，而且新的文学形式与新型的文学市场链接在一起，不仅在出版与传播方面迅速扩展，而且给士人带来另类发展与谋生的机会，李卓吾、金圣叹两人便不同程度地染指涉足其中。小说、戏曲所展示的文学空间，在人性表现的鲜活性、文学价值的公共性与批评的当代性都是史无前例的，这些给他们的新批评提供了依据，或者说文学经典传统的建立是经由当代价值返照的结果，由于过去被照亮，传统遂得以重生。

当代批评带来争议。李笠翁为金圣叹辩护："能于浅处见才，方是文章高手。施耐庵之《水浒》，王实甫之《西厢》，世人尽作戏文小说看，金圣叹特标其名曰'五才子书'、'六才子书'者，其意何居？盖愤天下之小视其道，不知为古今来绝大文章，故作此等惊人语以标其目。噫，知言哉！"（《闲情偶寄》，页24）这里为"戏文小说"鸣锣开道，是针对"天下之小视其道"而言，而新传统必以逆袭方式得以建构。他又说："《西厢》非不可改，《水浒》非不可续，然无奈二书已传，万口交赞，其高踞词坛之座位,业如泰山之稳,磐石之固。"(《闲情偶寄》,页29)所谓"万口交赞"多半拜赐于这两部作品在流通传播中的"票房"业绩,包括大众的阅读参与,这是过去的文学难以比拟的。如他认为,汤显祖的"诗文尺牍,尽有可观,而其脍炙人口者,不在尺牍诗文,而在《还魂》一剧。使若士不草《还魂》,则当日之若士,已虽有而若无,况后代乎?是若士之传,《还魂》传之也"。使汤显祖确立其文学地位的不是"尺牍诗文"而是《牡丹亭》,而"脍炙人口"基本上指的是市场效应的检验指标。

仅列出"六才子书"似过于简约,但是确立了"大传统"的原则,首先是文本,不消说金圣叹以"评点"著称,是文本"细读"的先行者;另外是作者,如不言"唐诗"而称"杜诗",也不言"汉赋""宋词"之类,这样就突出了个人文才。某种意义上如英国诗人艾略特在《传统与个人才能》中所阐述的,传统犹如给经典排座次,作家以创新为天职,在天才的行列中辨识自己,其能否完成继承与超越也必然留给世人来评定。"六才子书"与各种"一代有一代之文学"的说法相辅相成,皆试图摆脱经史的主宰而确定文艺的自身及专业价值,含有历史变迁的法则和人文精神、审美特性和经典评定的标准。随着人类社会结构愈趋复杂,生活形态愈趋丰富,新的形式应运而生,作家如天纵之圣,在银河中群星灿烂,为各时期完成难以逾越的形式的极致,说到底,体现了文学的追求自由与创新的历程。

经典的确立并非一帆风顺。有清一代把戏曲小说看作洪水猛兽,禁止销毁不遗余力,上述李卓吾等人的论调全被打压屏蔽。乾隆年间编纂的《四库全书》可说是一部朝廷钦定的经典化著作,其中看不到小说戏曲的影子。虽然这部巨著迄今不失为重要历史文献,却镌刻着专制的印记。

"一代有一代之文学"之论并非颠扑不破。钱锺书说:"王静安《宋元戏曲史》序有'汉赋、唐诗、宋词、元曲'之说,谓某体至某朝而始盛,可也。"(《谈艺录》,页29)虽表示同意,却不以为然:"元诗固不如元曲,汉赋遂能胜汉文,相如高出子长耶?唐诗遂能胜唐文耶。

宋词遂能胜宋诗若文耶?"(页39)王国维酷嗜宋词,有其《人间词》与《人间词话》为证;而钱锺书偏好宋诗而作《宋诗选注》,《谈艺录》中几乎不谈宋词,所谓"宋词遂能胜宋诗若文耶"?对"宋词"颇有杀伤力,或者说压根儿有点瞧不起。有趣的是,我在这里讲宋词,不幸夹在王国维与钱锺书之间。不过钱锺书的看法也不无可取之处:确实中国文学的体量极其庞杂,在经典的体认方面很难做到一致。特别明清之后诸体兼备,更要求我们对文学史作全面深入的观察,尽量避免盲见。在宋代,诗、文、词都很发达,这么看宋代文学比以前更加多样,文学形式愈趋复杂,也必然发生不同类型之间的互文关系,如果专讲"宋词",反有见木不见林之弊,而在不同形式的比较中更能揭示"宋词"的特点。

诗词分途

长期以来词的身份闪烁不定。什么是"词"？从何而来？

清代刘熙载在其名著《艺概》中说："乐歌，古以诗，近代以词。如《关雎》、《鹿鸣》，皆声出于言也；词则言出于声矣。故词，声乐也。"诗与词均与音乐有关，古代先有诗而为之配乐，如《诗经》便是；词是"近代"产物，先有乐曲而据以配词，故词即"声乐"。然而刘熙载又说："词导源于古诗，故也兼具六义"（上海古籍出版社，1978，页106），所谓"兼具六义"即"风雅颂、赋比兴"，包含音乐与修辞表现手法的方面，于是，词与音乐的源起变得模糊起来，因此说"词导源于古诗"，其实把词隶属于传统"诗教"，就不免误导。

含混中含有诗与词不同类型的权力阶序的焦虑与张力。词即"声乐"是历来词家的正宗说法，如南宋张炎《词源序》："古之乐章、乐府、乐歌、乐曲，皆出于雅正。粤自隋唐以来，声诗间为长短句，至唐人则有《尊前》、《花间集》。迄至崇宁，立大晟府，命周美成诸人讨论古音，审定古调，沦落之后，少得存者。"（《词源》，人民文学出版社，1981，页9）寥寥数语好似一部微型词史。古诗可歌唱，不脱诗教"雅正"的规范，而"长短句"从格律诗衍生出来，类似今天的自由体，是隋唐以来为了配合曲调而产生的新形式，唐至五代的长短句被收入《尊前集》和《花间集》这两部最早的词选集中。宋徽宗喜欢词，特别成立皇家音乐机构大晟府，罗致当时著名词人周邦彦和其他人讨论古乐，似乎根据古乐来填词更能提高词的品位。

到了近代，关于词的起源历史愈益清晰，如李庆甲先生说："词，起初称为'曲词'或'曲子词'，原先是一种配合音乐可以歌唱的诗体。"(《词综序》,上海古籍出版社,1978,页1)简洁了当。而讲得最清楚的莫过于龙榆生,在《词曲概论》中明确说:"词和曲都是先有了调子,再按它的节拍,配上歌词来唱的。它是和音乐曲调紧密结合的特种诗歌形式,都是沿着'由乐定词'的道路向前发展的。"(中华书局,2017,页3)这里"词曲"并论,宋词与元曲同一渊源,然皆与诗分道扬镳。在龙榆生那里,由于科学考古、搜证历史文献的便利与多民族文化交流的视野,对于词的历史形成的描绘远较以前复杂。隋唐以来从域外传入大量"胡夷里巷之曲"以及从敦煌发现的唐人写本《云谣集杂曲子》,都显示出词源起"民间"的初始形态,从而拆解了一向认为词是由李白等文人创始的神话。不过龙榆生也指出,汉乐府中曹操等人的长短句"便是后来'依声填词'的开端"(页8),给文人创始留下余地,他也说到,隋唐以来的燕乐杂曲也有教坊和专家们的创作,可见词产生于民间,即使在其初始阶段已有文人的介入,而我们今天所面对的"宋词"则是数量可观的文人创作的文本主体。

一 传统抒情与典律转换　　013

龙榆生关于词的起源的论述始终以音乐性作为核心特征——所谓"词的正宗"以此为基础，在他之后这一点就不太讲了。他的词源起于民间的观点以"劳动人民是最富于创造性"为认识基础，认为文人总是落后于民间创造，而且脱离了民间土壤的滋养，反而导致形式的僵化。的确，在词的发展过程中，"民间"是一道警戒线，不仅在曲调方面，广义上也关乎现实生活的源头活水，但不可忽视的另一端是词与儒家"诗教"传统之间的张力，即与正统文学观念的交涉与协商。换言之，我们将以作者为主体考察其与形式之间的历史运动，作为"词家"的身份取决于音乐性，也造成抒情风格的基本趋向，在民间与庙堂的夹缝中，在他们不断磨尖其焦虑中开拓新的形式空间，从晚唐至清末代代继踵、生生不息，使这一新诗体得以成立。其个人情感表现与完美形式追求含有"纯诗"的特色，并以音色韵味及其精致形式为中心建构了美学理论体系，这些造就了词的独特品格而称艳称雄于中国韵文传统与世界文学。

词作的大量产生带来批评与理论总结的需求，南宋时期先后有张炎的《词源》与沈义父的《乐府指迷》，通过批评诸家优劣与确立偶像的方式提出词学法则。张炎独尊姜夔，后者专美周邦彦，虽然推崇的风格典范有异，但各自打出"雅正"的旗号，看似合乎儒家的"诗教"原则，其实是旧瓶装新酒。他们以严守乐曲音律为第一义，词与乐曲仿佛是诗外受精的连体婴儿，与诗在先天上隔了一层，因此，在他们那里许多源自《诗经》的清规戒律不起什么作用。如孔子指斥"郑声淫"，而大量词曲来自坊间流行的靡靡之音，据李清照说"郑、卫之声日炽，流靡之音日烦"（《李清照集校注》，人民文学出版社，1979，页194—195），但张炎等人不当它一回事，孔子似被置脑后。另如"诗言志"一向是诗人的金科玉律，这方面词人甘心让贤，把表达思想与志向的任务交给诗人们，由此诗词分家，各走各的。词人属于表情一族，受制于柔曼婉转的音乐却使抒情内容大畅其道，与乐工、歌妓一起分享感情，在道学家眼中不无颓唐的意味。

在宋代，《诗经》研究走俏，从欧阳修的《诗本义》

到朱熹的《诗集传》，贯穿着疑古革新而重建儒家经典的精神。欧阳修身为一代文宗，也流连于词这一新潮"艳科"，借以表达闲情逸致，如"拟歌先敛，欲笑还颦"之句是其当筵听曲对歌女的同情写照（唐圭璋《全宋词》，中华书局，1965，页123），这跟他的《诗本义》从"人情"立场重新认识《诗经》并无二致。朱熹的《诗集传》提倡"存天理，去人欲"为近人诟病，其实正是基于"人欲"的发现才认识到郑、卫"淫奔"之诗无非表达普通男女之情，对儒家经典神圣性却有祛魅的意义。宋代被看作进入"近世"，思想领域的世俗化潮流可看作标志之一。这给士人带来较多的选择与新的自信，在此背景中发生的诗词分途并非偶然。

词人自立门户，在诗人眼中看低一等。明代文学盛行"复古"，以"文必秦汉，诗必盛唐"为圭臬，词被当作"小三"。后七子魁首王世贞说："不作则可，作则宁为大雅罪人。"（徐师曾《文体明辨序说》，人民文学出版社，1998，页164）可见词人地位被拉低，词学萎靡。清代乾隆年间完成的《四库全书》收入大量词曲集子，但"提要"曰:"词曲二体在文章技艺之间,厥品颇卑。作者弗贵,特才华之士以绮语相高耳。"(《四库全书总目》,中华书局,1981,页1807)寥寥数语把词人打入另册,而"才华之士以绮语相高"却准确勾画出词的作者与作品特征。

"诗余"一词从宋人开始使用,历来聚讼纷纭,成为诗词身价高下的角逐场域。一般把词看作诗的"剩余",与诗攀附,不失身价,又有点难为情。这是一种习惯用法,至近代仍沿袭之。"诗余"是词家的一块心病,他们一般较为警觉,不作正面碰撞。但到清代常州词派向诗靠拢,实际上不甘另类,如周济声称:"诗有史,词亦有史,庶乎自树一帜矣"(《介存斋论词杂著》),与诗分庭抗礼。清末著名词家况周颐在《蕙风词话》中开宗明义说:"曲士以诗余名词,岂通论哉?"又说:"诗余之'余',作'赢余'之'余'解。唐人朝成一诗,夕付管弦,往往声希节促,则加入和声。凡和声皆以实字填之,遂成为词。词之情文节奏,并皆有余于诗,故曰'诗余'。世俗之说,若以词为诗之剩义,则误解此'余'字矣。"（人民文学出版社，1982，页3—4）所谓"赢余"，比诗还高出一头。

在钱锺书的《谈艺录》中，"诗余"的争论并未了结。晚明焦循认为"诗亡于宋而遁于词"，诗在古代都是能唱的，晚唐之后这一传统中断了，因此"诗之本失矣。然而性情不能已者，不可遏抑而不宣，乃分而为词，谓之诗余"。焦循对词的本源不甚了了，认为词是诗分派出来的。钱锺书驳斥说："理堂执著'诗余'二字，望文生义。不知'诗余'之名，可作两说：所余唯此，外别无诗，一说也；自有诗在，羡余为此，又一说也。"（页27—29）他的两种新解别有俏皮意味，仍是诗词相混，多少带有清末以来的认识。

词别是一家

词在宋代自成谱系，主要受一种集体意志的推动。关于张炎的《词源》，夏承焘说：

> 当时主张复雅的一派词人，一方面反对柳永、周邦彦的"软媚"，另一方面也反对苏轼、辛弃疾的"粗豪"；曾慥的《乐府雅词》辑于南宋初年，六卷中竟无苏轼一字；南宋末年以"志雅"名堂的周密，选《绝妙词选》，只取辛弃疾三首，这可见这些雅派词人的看法；张炎正是承受这派词人的衣钵。（页7）

不无吊诡的是，对柳永的批评似乎是例外，音乐反而不是焦点，他是宋代流行歌王，精通乐曲方面无懈可击，更是"长调"圣手。他们视之为共同敌手，理由不在音乐，而指斥他用语粗俗，格调低下。另一方面他们也排斥以苏轼、辛弃疾为代表的"豪放派"，认为他们的作品纵有绝妙好辞，但不合乐调，不便歌唱。因此他们所提倡的"雅正"并非从伦理道德出发，却以艺术风格或形式法则为鹄的，如张炎从姜夔的词作生发出"清空"这一风格概念："词要清空，不要质实；清空则古雅峭拔，质实则凝涩晦昧，姜白石词如野云孤飞，去留无迹。"凸显出一种超乎伦理、抒情与音律的人格境界。"清空"作为风格学术语自然会让人联想到司空图的《诗品》，而把"清空"与司空图的"二十四品"作比照，也颇有一览众山的气度。"清空"的格调确乎高，毕竟与词的抒情特性有所隔膜，但只有在与诗的竞争状态中方能充分理解"清空"的调门有多高。相对于诗，词是新传统，犹如大树旁边的小草，而词人们刻意与诗保持距离，不断开拓词的新空间。

宋代以来词人辈出，对词的发展已形成一种集体意志，而《乐府雅词》《绝妙词选》之类的选本扮演了"清道夫"的角色，聚拢作品，去芜存菁，指示"雅正"的方向。为张炎标举的"清空"尤具象征性，十足高蹈飘逸，却隐含面对压力的巨大焦虑，凝聚为对他们的选择——包括个人感情与新的艺术形式的探索及其生活方式的一种承认政治。

对词的发展的共识形成过程中不能忽视印刷文化这一新因素，书籍的刊布与流通不仅加速观念的传播，某种程度上其技术力量也渗透到思想层面。所谓"依声填词"颇如艺匠作业，多半是一种技术活。沈义父以周邦彦为榜样，指出其创作关键在于"下字用意，皆有法度"。与张炎的"清空"不同，他定下四条准则："音律欲其协，不协则成长短之诗；下字欲其雅，不雅则近乎缠令之体；用字不可太露，露则直突而无深长之味；发意不可太高，高则狂怪而失柔婉之意。"（《乐府指迷笺释》，人民文学出版社，1981，页43）如"用字""发意"等，要求在情绪表达时须掌握尺度，做一番显露高下的测量,反对"缠令之体"和"狂怪"跟排斥柳永与豪放派的态度同调。的确,在这样规限下词的发展路径必然显得狭窄,"法度"要求过滤粗放或低俗的表现,实质上对感情起规训功能,与古代儒家"温柔敦厚"的美学原则不谋而合,但不同的是,在"雅派"词人的考量中,与其是道德伦理的完美,毋宁是形式先于内容的基本取向,共同追求的是精致的形式与纯粹的风格。

在词的自成家门的历史推展中,李清照的《词论》殊为出彩,其先驱意义是被低估了的。该文收入南宋初胡仔的《苕溪渔隐丛话》,比《词论》与《乐府指迷》来得早。文中批评柳永"大得声称于世,虽协音律,而词语尘下",对于晏殊、欧阳修、苏轼等人,称赞他们"学究天人",然而词作"皆句读不葺之诗尔,又往往不协音律,何耶"?(《李清照集校注》,页 194—195)这已是"雅派"词人的主张了。在李清照看来,词须臾不能脱离音乐,她所讲的唐代开元、天宝间某歌者李八郎为进士庆功宴献歌一曲而震惊四座的故事,出于野史记载,是有关词诞生于民间的一个传奇段子。"自后郑、卫之声日炽，流靡之音日烦，已有菩萨蛮、春光好、更漏子……等词，不能偏举。"把那些曲子看作"郑、卫之声"，却安之若素。后来从李后主以来文人纷纷加入词的创作，与民间歌曲的关系逐渐变得暧昧起来，不光欧阳修、苏轼等人不懂协律，像王安石、曾巩，文章做得好，但是"若作一小歌词，则人必绝倒，不可读也"。即谓他们作词如作诗，不讲究音律，被之管弦即出糗。因此她说："乃知别是一家，知之者少。"

"生当作人杰，死亦为鬼雄。至今思项羽，不肯过江东。"（页127）李清照的这首《乌江》诗是其卓尔不群、敢作敢为的人格写真，她对词"别是一家"的断言似也可作如是观。从她对当世诸多名公才人的批评来看，已俨然以"词家"自居，其口吻傲然自信。事实上她的诗很少，显然尽心竭力投入词的创作，且在词史中自成星座，独具异彩。那么我们不禁好奇：是什么动力使她选择这一另类新样式的？她的例子也可说明之所以词能门户光大，也正因其独具魅力而能不断吸引才艺之士的加入之故。

《词论》曰："盖诗文分平侧，而歌词分五音，又分五声，又分六律，又分清浊轻重。且如近世所谓声声慢、雨中花、喜迁莺，既押平声韵，又押入声韵。玉楼春本押平声韵，又押上去声，又押入声。本押仄声韵，如押上声则协，如押入声，则不可歌。"（页159）在音声方面，词比诗文更为复杂、更为考究。不消说李清照精通音律，然而当她论及晏几道、贺铸、秦观与黄庭坚这些新晋才俊时，说他们对于音律"始能知之"，但是"晏苦无铺叙；贺苦少典重；秦即专主情致，而少故实，譬如贫家美女，虽极妍丽丰逸，而终乏富贵态；黄即尚故实，而多疵病，譬如良玉有瑕，价自减半矣"。这就不是从音律，而从语言修辞方面对各人一一点评，所谓"铺叙""故实"等都属于诗的形式术语，也就是说，作词必须遵守音律，也须合乎诗的美学典律与修辞艺术。或因为词是一门技艺更为复杂有趣、更能激荡感官体验的新诗体，她不惮才之"累"而接受挑战。

这篇《词论》涉及一些对词史具普适性的问题。一是诗词关系，在创作中观察两者之间的区别以及互文挪用、融化、换置等痕迹，李清照提供了一个窗口。理论方面，《词论》中"故实"即诗学中"用事"或"用典"，在沈义父的《乐府指迷》中多有论及，如说周邦彦："往往自唐、宋诸贤诗句中来，而不用经史中生硬字面，此所以为冠绝也。"（页45）周邦彦融化唐宋诗句属于"故实"修辞，却不像宋人喜欢融汇儒家经典的"掉书袋"，当然合乎词的抒情特性。沈义父以"冠绝"盛赞周邦彦，在鼓励这种作派。这没什么不好，向心仪通灵的诗人借取灵感或点铁成金，这种互文游戏也是激活文学传统的一种方式，虽然毕竟与鲜活的生活感受隔了一层，走到极端就不那么健康了。词学常依仗诗学。譬如对于诗的美学造诣的表述，司空图《诗品》说："梅止于酸，盐止于咸，而美在盐酸之外。"或严羽《沧浪诗话》说："妙处透彻玲珑，不可凑泊，如水中之月，镜中之像。"这些话对诗人来说简直像《圣经》一般，刘熙载说："此皆论诗也，词也得此境为超诣。"（《艺概》，页121）大约他自觉说不出更好的话，就这么说了。

词的声音之学带神秘性。当初起源于流行歌曲，不嘗是词的黄金岁月。传说中的温庭筠、柳永，流连于风月场中，与乐工、歌妓一起，因此他们的词作不乏游冶浪荡气息。到后来失去了自然场景，音律声乐通过私家传授。李清照说的"五音""五声""六律"，要"分清浊轻重"，以及押韵分"平声""入声""仄声"之类，十分繁复。那时没有录音机，听过算数，且各地各时的发音不同，所以要懂得音律谈何容易。几位大家如周邦彦、姜夔、吴文英等都能自制曲调，有意走向"雅"化，朝形式完美一路发展而成为案头之作。到了明代，词调几成绝学，李开先说："唐宋以词专门名家，……在当时皆可歌咏，传至今日，只是爱其语意，自《浪淘沙》、《风入松》外，无人能按其声词者。"(《李开先集》，中华书局，1959，页299)再来看沈义父自述，他先后从翁时可与吴梦窗那里才懂得音律，入门之后，"因讲论作词之法，然后知词之作难于诗"。(《乐府指迷笺释》，页43)可见他学词首先碰到音乐这一关，侥幸中表达了词家的矜持。

词是小众艺术，词人大多仕途坎坷，溺于才情，放达自适，颇有"为艺术而艺术"的意味。像张炎、沈义父都算不上当世名公，却以一种另类的"雅正"为标帜开辟出一条词的发展路径，崎岖而孤绝，南宋之后，元明时期相对冷清，然而在清代卷土重来，又出现繁盛局面。蔡嵩云说：

> 《词源》论词，独尊白石。《词迷》论词，专主清真。……降及清初，浙派词人，家白石而户玉田，以清空骚雅为归。其实即宋末张氏所主张之词派。迄清中叶，常州派兴，又尊清真而薄姜、张，以深美闳约为旨，其流风至今未替。实则清真词派，在南宋末年，沈氏早提倡于前，特见仁见智，古今人微有不同耳。（《乐府指迷笺释》，页41）

清初词学复兴，康熙年间刊行的朱彝尊和汪森编选的《词综》代表"浙派"的主张；嘉庆年间张惠言编选《词选》，标志"常州派"的兴起。蔡嵩云说浙派渊源于张炎，以姜夔为指针，这问题不大。常州派不满浙派而另起炉灶，因而排斥姜夔与张炎，但"深美闳约"是张惠言称颂温庭筠的话，所谓"尊清真"，倒是与该派周济更有关系。蔡嵩云的说法虽然主观，却勾勒了贯穿清代始末的两大词派的基本发展轨迹，互有抵牾，但最受推颂的宋词不是姜夔就是周邦彦，无论"清空骚雅"或"深美闳约"，两派皆把抒情风格与语言形式作为追求目标，保持了词的艺术特征。

蔡嵩云的大体勾勒刊落了不少色彩妍丽的枝叶，如与朱彝尊齐名的纳兰性德与陈维崧，哀感顽艳，储存着清初的创伤记忆，在清末民初的遗民那里又重兴波澜。词的历史见证了感情结构、抒情传统与王朝盛衰的沧桑变迁，语言与形式发挥了情绪纯化与艺术升华的功能。或许与音乐性的消解有关，常州词派断然发动一次词的历史转向，即强调"比兴""寄托"，向诗完全靠拢，如张惠言明确其编选《词选》的宗旨在于"塞其下流，导其渊源，无使风雅之士，惩于鄙俗，不敢与诗赋之流同类而讽诵之也"（《四库备要》，卷96）。这似乎是个明智的选择，一面摆脱了词的屈辱地位，使之与诗平起平坐，一面继续发扬词的形式与语言的尊贵传统，的确，常州词派中不乏如此实践者，如况周颐在《蕙风词话》中阐述"重、拙、大"等新的美学原则，各种法则、形式愈加精致细密。但是这一转折也带来危险。原来词排斥豪放与低俗，不无马尔库塞的"形式是堡垒"之意，为使词能在"雅正"的轨道上前进，保证纯粹抒情与形式精妙的特征。然而一旦与诗的界限变得模糊，词的自身"正宗"就有解体的危险。

事实上，这一转折含有更重视内容的要求，很大程度上是矛盾时代中词学内外交困的回应。张惠言的《词选》以严苛见称，收入宋词33家，总共68首，其中周邦彦4首，姜夔3首，而苏轼4首，辛弃疾6首，可见天平朝豪放派倾斜。这似乎是情理之中，张惠言说："意内而言外谓之词，其缘情造端，兴于微言，以相感动，极命风谣里巷，男女哀乐，以道贤人君子幽约怨悱不能自言之情"，"幽约怨悱"也是哀情，但原来的词意变了质，男女之"乐"很难有所"寄托"，就会遭到排除。尤其是对于温庭筠的处理，他属于唐词，选入18首，为全集之

一　传统抒情与典律转换

冠,因其体现了"深美闳约"的最高的"寄托"境界,这样的诠释赋予温庭筠以多层意涵的可能,却整体上屏蔽了词的"艳科"性质。的确,词的发展过程中一向受到来自柳永和苏、辛的压力,存在内容与形式的问题。不过从外部环境看,《四库全书》把词曲并列,下了"厥品颇卑"的判词,因此常州派给词重新定义,力图跻身于诗、骚庙堂,不啻是一种振作自拔的回应。另一方面从文学发展的大环境看,来自通俗文学的潜在威胁不可低估。词人向来抵制低俗,《词选》中柳永一首不选,做得够彻底,但是小说在清代尽管受到官方压制,却阻止不了《儒林外史》与《红楼梦》的诞生,这种雅化的小说在士大夫中间引起回响,文学经典典律转换的意识继续在悄悄发生变化。

贰 王国维：《人间词话》的现代转向

王国维的《人间词话》是一部里程碑著作，今人谈词学很难绕过这道坎。最为脍炙人口的是他的三种"境界"说：

> 古今之成大事业、大学问者，必经过三种之境界："昨夜西风凋碧树，独上高楼，望断天涯路。"此第一境也。"衣带渐宽终不悔，为伊消得人憔悴。"此第二境也。"众里寻他千百度，回头蓦见，那人正在，灯火阑珊处。"此第三境也。此等语皆非大词人不能道。然遽以此意解释诸词，恐为晏、欧诸公所

不许也。(人民文学出版社,1982,页203)

今天我们常把这段表述抽离出来,看作伟大人物的理想追求与完美人格的寓言,而分别从晏殊、柳永和辛弃疾的词作中摘句来形容三种"境界",极富象征演绎性。王国维把"大词人"与"大事业、大学问者"比肩,具备横空八极、坚忍不拔、睿智洞见的品格。的确,他在一种新的世界观的哲学基础上构筑了一套足以回应现代性召唤的诠释架构,并声称"遽以此意解释诸词",要对历代词作做出评价,而在如此高调的"境界"面前,整个词史经受考验,晏殊、欧阳修等"诸公"要自叹弗如,恐怕连"不许"也谈不上。

《人间词话》开卷便揭橥:"词以境界为最上。有境界则自成高格,自有名句。五代、北宋之词所以独绝者在此。"(《人间词话》第1则,以下标数字)所谓"晏欧诸公所不许"的"解释",事实上是对词史的一次现代性价值重估,他独尊"五代、北宋"的词作,对南宋以来的词的发展与成就几乎一笔抹杀,其气魄令人震撼。王国维站在现代的门槛上,与世界文学风云际会,在他看来,南宋以来词学发展走错路头,斤斤于形式的雕虫小技,已成为一种区域性艺术体验,因此不再以传统词学的"音律""雅正"等作为其出发点,将其"境界"这一核心概念建立在"主观"与"客观"、"物"与"我"的二元论支柱之上,基本上接受了欧洲文艺复兴以来的哲学认识论的成果,标志着一次哲学与文学观念的中土移植。

什么是"境界"?首先"境非独谓景物也,喜怒哀乐,亦人心中之一境界。故能写真景物、真感情者,谓之有境界。否则谓之无境界"。(6)"境界"是人心与景物遭遇之际所引起的情绪体验,而文学描写即是对投射于我们心体的景物映像的语言行为。这种理论无甚新奇,但什么是"真景物、真感情"则取决于"自然"这一"境界"说的关键概念。他指出:"有造境,有写境,此理想与写实二派之所由分。然二者颇难分别,因大诗人所造之境必合乎自然,所写之境亦必邻于理想故也。"(2)无论"写境"还是"造境"必须"合乎自然",这个

"自然"指主观感受的外部世界,"写实"即对世界实像的再现,不过这里特别强调的是这世界必须是真实可见的,而"理想"指超乎"写实"的想象与反思功能,也不能脱离可见的"自然",否则就不成其为"境界"。他又进一步说:"自然中之物,互相关系,互相限制。然其写之于文学及美术中也,必遗其关系、限制之处。故虽写实家,亦理想家也。又虽如何虚构之境,其材料必求之于自然,而其构造亦必从自然之法则。故理想家亦写实家也。"(5)

对于"自然"的外在世界及其投影于我们人脑的认知,这一哲学认识论并非中国本土所有。如理查·罗蒂(Richard Rorty)在《哲学与自然之镜》(*Philosophy and the Mirror of Nature*)一书中指出,如笛卡尔的"我思故我在"的格言,确立了人相对于外在世界的主体存在,通过感觉与思辨达到对世界真实的认知,并在此基础上建构知识体系,而这些首先通过视觉机能,镜像般映现于人脑的外物也即被认作"再现"(representational)的自然。罗蒂认为西方的哲学认识论实质上是一种语言建构，这种对真实世界的认知与诠释，给人们的多元选择带来局限。且不论罗蒂的挑战性反思，事实上从文艺复兴以来通过康德等人反复讨论与阐述而建构的人与世界的二元体系，今天几乎成为我们的常识。

王国维在1904年发表《红楼梦评论》，深受叔本华悲剧观的影响。《人间词话》发表于1908年，其中的认识论则渊源于康德。早年，王国维研究西方哲学，遍及柏拉图、亚里士多德、康德、叔本华、尼采、洛克、休姆、霍布斯等人，而最为他倾心且反复深究的是康德。1903年他在《汗德像赞》中颂扬康德"万岁千秋，公名不朽"，可见格外推重，而"人之最灵，厥维天官；外以接物，内用反观。……观外于空，观内于时；诸果粲然，厥因之随"等语则涉及康德的认识论。所谓"观外于空，观内于时"，即他在1904年的《汗德之知识论》中所说："汗德既以知觉之对象之空间及时间的关系，全为心之形式"，"盖自彼观之，感官之性质，乃我心之观物时一偏及偶然之状态，而空间及时间之形式，乃吾心之普遍及必然之状态，而万物皆于此中显出者也。"在《人间词话》中关于人心内外观照的表述,如"诗人对宇宙人生,须入乎其内,又须出乎其外。入乎其内,故能写之;出乎其外,故能观之。入乎其内,故有生气;出乎其外,故有高致"。(60)不同的是"入乎其内,故有生气",属于生命体验,而"出乎其外"则具反观性质,能超越感性表象而达到"高致"的境地。心之内外观照也含有"写实"与"理想"的关系:"诗人必有轻视外物之意,故能以奴仆命风月。又必有重视外物之意,故能与花草共忧乐。"(61)因此再现自然要情景交融,此为"写实"的真谛,另一方面如果赋予情感表现以"理想",具有"言外之意",更有所寄托,这就不仅关乎想象,也有赖"大事业、大学问家"的知性与伦理判断。

这些跟"境界"的"真景物"有关,那么何谓"真感情"?王国维说:"尼采谓:'一切文学,余爱以血书者。'后主之词,真所谓以血书者也。"(18)李后主的《虞美人》:"春花秋月何时了?往事知多少。小楼昨夜又东风,故国不堪回首月明中。　雕栏玉砌应犹在,只是朱颜改。问君能有几多愁,恰似一江春水向东流。"或如《浪淘沙》："帘外雨潺潺，春意阑珊。罗衾不耐五更寒。梦里不知身是客，一晌贪欢。　　独自莫凭栏，无限江山，别时容易见时难，流水落花春去也，天上人间。"的确，这两首词真实表达了一位亡国之君的悔痛，引起读者的深刻同情，可谓千古绝唱。王国维要求诗人表达生命意义的深切感受，像这样"以血书者"当然是"真感情"的样板。他又说："后主则俨有释迦、基督担荷人类罪恶之意"。(18)这里不无过度诠释之嫌，似不止含有他曾在《红楼梦评论》中所说的叔本华式的悲剧情怀，而更具慈悲众生的超越性，体现了王国维的末世悲怀，其中含有"大事业、大学问家"的理想投影。

李后主的作品之所以感人，不仅在于内容，还在于其对于"自然"的内在与外在体现，这就牵涉"隔"与"不隔"这一有关"境界"的重要论述。这固然是后主的"赤子之心"的自然流露，但从语言角度看，他把自己的处境与景物表达得如此真切，让人直接进入他的感情世界，与之交流互动，字字与"血书"密吻无间，所谓"得鱼忘筌"，语言失去了它的物质性，因此"不隔"。

王国维主张"不隔"而反对"隔"。大多数词作离不开因景抒情，他举了许多例子来说明，如"'生年不满百，常怀千岁忧。昼短苦夜长，何不秉烛游？''服食求神仙，多为药所误。不如饮美酒，被服纨与素。'写情如此，方为不隔。'采菊东篱下，悠然见南山。山气日夕佳，飞鸟相与还。''天似穹庐，笼盖四野。天苍苍，野茫茫，风吹草低见牛羊。'写景如此，方为不隔。"(41)这些例子确实精彩，但有的地方颇费斟酌，比方欧阳修《少年游》上半片："阑干十二独凭春，晴碧远连云。二月三月，千里万里（这两句倒置），行色苦愁人。"王国维认为景色得到真切再现，"语语都在目前，便是不隔"。对于下半片"谢家池上，江淹浦畔"这两句，他说："则隔矣。"(40)因为用了谢灵运和江淹的典故，似给"池上"和"浦畔"加附加物，阻碍了景物本来面目的直接呈现，便产生"隔"的效果。其实欧阳修的原句是："谢家池上，江淹浦畔，吟魄与离魂。"(《全宋词》，中华书局，1980，页158）作者在抒发"行色苦愁人"的感情时，联想到谢灵运的《登池上楼》和江淹的《别赋》，于是将文学名篇嵌入自己的文本，与前人的"吟魄与离魂"相重叠，产生不同时空的情感交流，这不仅使感情表现复杂化，也增强了"行色苦愁人"的主题。就"文学性"来说，这样的修辞手段是值得称道的，但王国维提倡对景物的"自然"再现，遂把这种修辞看作一种多余的形式而加以否定。

的确，过于讲究修辞形式会产生流弊。沈义父在《乐府指迷》中把"代词"作为一种重要修辞手段，"说柳不可直说破'柳'，须用'章台'、'灞岸'等字"。（35）王国维对此十分反感："词忌用替代字。美成《解语花》之'桂华流瓦'，境界极妙。惜以'桂华'二字代'月'耳。梦窗以下，则用代字更多。其所以然者，非意不足，则语不妙也。盖意足则不暇代，语妙则不必代。"（34）滥用"代词"的套路有碍创意，并不可取。但王国维以"隔"与"不隔"划线，所谓："陶、谢之诗不隔，延年则稍隔矣。东坡之诗不隔，山谷则稍隔矣。"（39）尤其对于南宋以下几乎一刀切，以"隔雾看花"来形容姜夔、周邦彦、吴文英等人的作品，显示他反对"形式主义"的态度。

对姜夔的批评尤为严厉,最典型这一段:"白石写景之作,如'二十四桥仍在,波心荡、冷月无声。''数峰清苦,商略黄昏雨。''高树晚蝉,说西风消息。'虽格韵高绝,然如雾里看花,终隔一层。梅溪、梦窗诸家写景之病,皆在一'隔'字。北宋风流,渡江遂绝,抑真有运会存乎其间耶?"(39)所引之句分别出自《扬州慢》、《点绛唇》和《惜红衣》三首,皆意象生动,情景交融,写得美。但为何王国维指责它们"如雾里看花,终隔一层"呢?这跟他深受康德认识论的影响有关。凡写实或虚构都必须遵从"自然之法则"。那些"不隔"的范例,如"采菊东篱下,悠然见南山。山气日夕佳,飞鸟相与还"。"天似穹庐,笼盖四野。天苍苍,野茫茫,风吹草低见牛羊"等,景物之间的因果链乃是"自然中之物,互相关系,互相限制"的体现。而从"冷月无声"、"商略黄昏雨"与"说西风消息"的例句看,由于作者的主观移入,景物变成含情的主体,这在王国维看来,含有斧斫的痕迹,使景物的本真形态遭到扭曲,不属"合乎自然"的"真景物"。景物仿佛被人为涂上一层主观色彩，做不到"语语如在目前"，犹如"雾里看花，终隔一层"了。

姜夔的《暗香》与《疏影》一向被视为其代表作，词中借咏梅感叹光景无常，表现"骚雅"的美学意趣，记忆书写之际意象影绰纷呈，融合众多的梅花的文学典故，气氛清丽朦胧，意涵含蓄以致难以确解，而在造语、音韵与结构方面刻意精致。张炎在《词源》中标举姜夔的"清空"风格冠绝一时，更赞赏这两首词"前无古人，后无来者，自立新意，真为绝唱"。这遭到王国维当头棒喝："白石《暗香》《疏影》格调虽高，然无一语道着。"（38）他不否认"清空"高"格调"，但以为过于讲究形式，与"自然"毫不搭边。《人间词话》毕竟以"大事业、大学问家"的人格"气象"为标格，无怪乎一再拿苏轼、辛弃疾作比较："读东坡、稼轩词，须观其雅量高致，有伯夷、柳下惠之风。白石虽似蝉蜕尘埃，然终不免伛促辕下。"（45）又说："苏、辛词中之狂，白石犹不失为狷，若梦窗、梅溪、玉田、草窗、中麓辈，面目不同,同归于乡愿而已。"(46)与苏、辛相比,姜夔显得器局狭窄,钻牛角尖,虽然称得上"狷",仍有几分可取,至于张炎、吴文英等后来追步者则如"乡愿",更没出息了。

今日所见《人间词话》共142则,最初发表于1908年《国粹学报》上的64则是王国维自己的节选本,已和盘托出"境界"宗旨,通过西方哲学认识论引进一种新的世界观,给中国词学传统带来现代性转折,也是沿着清代常州词派重视内容的路向,摒弃"形式主义",既与世界文学接轨,也应顺了新媒体时代大众的文学美育的趋势。一方面是以"新名词"为核心的科学、理性的二元论,另一方面运用诗词文本与象征、隐喻的手段将"诗无达诂"的诠释方式发挥到极致。"境界"本身既是概念,又是意象,辅之以同类的"气象"概念,而"境界"说的三段语式与大量简捷而睿智的二段论语式,如"理想"与"写实"、"有我之境"与"无我之境"、"隔"与"不隔"等,与"境界"说等形成对应、复调与参差的互文论证关系。这一"境界"论的语言建构方式极其奇特而复杂，却造成一种毫无违和感的中西兼容的批评范式，犹如七宝楼台储藏着无数密码，至今激发我们的诠释热情，也可见在二十世纪初知识结构与学术话语转型中，王国维在现代与传统之间的价值选择与重构，这在今天仍有启迪意义。

《人间词话》主张词人的生命体验与人格修养、自然之情的真切抒发、对外界的深刻观察与反对矫揉造作等，形塑了中国人的现代文学观念，至今仍受其惠赐。确实，在理解与接受西方人文思想方面，王国维或许比梁启超、章太炎、刘师培等人更为客观与深入。"境界"说以康德的哲学认识论为内核，尽管被包裹在大量中国传统批评语汇与诠释方法之中，实即一种西体中用的新范式。而对词学传统的激进反转，尤其是对讲究形式方面的扬弃，某种意义上是对中国传统文学的一种简约化动作，与列文森把中国山水画的笔墨意趣看作文人自娱自乐的繁琐美学而缺乏现代价值一样，意在剔除"区域性"经验而融汇于"普世性"的世界潮流中，这一点在今日全球多元文化的境遇中是值得反思的。

如何看待词学发展过程中的"形式主义"倾向？怎样看待"区域"与"普世"的关系？自后现代"语言转向"以来，我们对于诗歌语言及其"文学性"的认识变得更加复杂，在对于马拉美、里尔克等"纯诗"形式的探究中，新的文学理论也层出不穷。中国词人对完美形式的自觉追求而产生了许多优秀作品，是抒情传统的奇葩异果，也是人类的共同遗产，在区域与普世之间并无鸿沟，这是需要我们加强研究的。就王国维的"隔"与"不隔"之论而言，在主张对真实世界的客观再现时，忽视了再现世界本身是语言建构的事实，而在要求"写实"语言透明性方面，含有某种功利因素，却预示了后来新文学运动的语言立场。

叁 温庭筠：美女的妆台镜像

《花间集》是第一部文人词集，940年赵崇祚编定，收入晚唐五代时期十八家词作，南宋以来广为流传。以温庭筠居首，共66首。《花间集》有"词经"之誉，温有"《花间》鼻祖"之称。其作品美艳精致，具典范开创意义，为后来词的发展奠定"艳科"基调，因此一向受到令评，却在近代出现戏剧性聚讼焦点而成为词学诠释史上的有趣公案。

张惠言编刊《词选》，代表常州词派重整词学旗鼓，标举传统"诗教"的"比兴变风之义"及"意内而言外"的美学准则，同时排击词的"跌荡靡丽""昌狂俳优"的特性，旨在提升词的品位，使之能与"诗赋之流同类而讽诵"。遂收紧门户，自唐代、五代至宋代的词作浩如烟海，入选仅116首，而温词占18首，为全集之冠。张惠言在《词选目录叙》中称"温庭筠最高，其言深美闳约"，不啻把温词重新包装，攀升思想高度。醉翁之意在于光大常州词派，就像对温庭筠《菩萨蛮》第一首的评语："此感士不遇也。篇法仿佛《长门赋》，而用节节逆叙。此章从梦晓后领起'懒起'两字，含后文情事。'照花'四句，《离骚》'初服'之意。"其实这首《菩萨蛮》描绘一个闺阁女子晨起梳妆的情态，张惠言把它和司马相如的《长门赋》和屈原的《离骚》拉上关系，是拔高之举。关键是"感士不遇"的诠释，印证了经典"比兴"手法与"幽隐"之义的解读原则，为反转词史提供了合理依据。

这在《人间词话》中遭到批驳："张皋文谓：'飞卿之词，深美闳约。'余谓此四字唯冯正中足以当之。"(11)王国维的反应有点蹊跷，因他与常州词派颇多合拍，如："古今词人格调之高，无如白石。惜不于意境上用力，故觉无言外之味，弦外之响，终不能与于第一流之作者也。"（42）与张惠言一样贬抑姜夔，而"言外之味，弦外之响"也与"意内而言外"同调。其实据史传说温庭筠恃才傲物，流连歌场，潦倒终生，其所描写的女性大多梦后惆怅，微含哀怨，因此按照"意内而言外"的读解，说"感士不遇"也言之有据。为何不能为王国维接受？究其原因，倒可见其某些词设。《人间词话》专注情景之作，阐述物我之间的关系，几可看作康德认识论的脚注。虽然温庭筠也有关乎情景的，如为人称道的《梦江南》："梳洗罢，独倚望江楼。过尽千帆皆不是，斜晖脉脉水悠悠，肠断白蘋洲。"但这在温词中非常少，占据中心舞台的是孤独女子，这在主题上就与王国维的物我之论隔了一层。

王国维说当得起"深美闳约"的，与其是温庭筠，毋宁是冯延巳。的确，王对冯延巳可说是情有独钟："冯正中词虽不失五代风格，而堂庑特大，开北宋一代风气。"（19）冯是写景高手，如"风乍起，吹皱一池春水"确是警句。王国维欣赏的"高树鹊衔巢，斜月明寒草"

之类也是对自然的生动再现。然而"堂庑特大"多半是王氏理想人格的自我投射,如评价"南唐中主词'菡萏香销翠叶残,西风愁起绿波间',大有众芳芜秽,美人迟暮之感"。(13)这么比附《离骚》,正是"言外之味"的读解法。在他眼中,温庭筠至多做到"精艳绝伦"(11),工于造句,格局不大。所谓"'画屏金鹧鸪',飞卿语也,其词品似之"。(12)"词品"即人品,根本上关乎他对"艳词"的态度。他说冯延巳"与中、后二主词皆在《花间》范围之外,宜《花间集》中不登其只字也"。(19)显见其对《花间集》的成见,当然波及其"鼻祖",因此他对"五代"词的肯定也是有选择的。王国维又说:"词至李后主而眼界始大,感慨遂深,遂变伶工之词而为士大夫之词。周介存置诸温、韦之下,可谓颠倒黑白矣。"(15)《花间集》终究属"伶工之词",与"大事业、大学问家"的"境界"相距甚远,因此某种意义上,《人间词话》是美学与伦理儒家的现代回归,"眼界"虽大,取径却不免狭窄。

今人论及温庭筠深受王国维的影响,叶嘉莹在《温庭筠词概说》一文中专作讨论。她同意王说，认为"感士不遇"说不免牵强，但以"客观"与"纯美"来概括温词的风格特征，颇有见地。(《迦陵论词丛稿》，上海古籍出版社，1980，页21）不管怎样，我们须回到文本自身。《花间集》有14首温庭筠的《菩萨蛮》，其一云：

> 小山重叠金明灭，鬓云欲度香腮雪。懒起画蛾眉，弄妆梳洗迟。照花前后镜，花面交相映。新贴绣罗襦，双双金鹧鸪。(《花间集校注》，中华书局，2017，页3)

对这首词，且对每一首《菩萨蛮》已有无数评论，如张惠言、俞平伯、夏承焘、唐圭璋、浦江清等，皆为词学名家，评论精彩迭出，读来令人快慰。然而从这首词我们看到了什么？此词仿佛撩开闺阁内景一角，色彩如此明艳闪烁，令人晕眩。女子一头乌发几乎遮住雪白的脸庞，她是谁？这一切掀动（男性）读者的窥视欲。有人说这是个阳光的早晨，更多人同意这是一首"闺怨"。批评者无不惊艳于"精艳绝伦"的风格，在爱美护花之余解释上难免溢出原文之外，不仅为欲望投射、也为完美的艺术作品补白。

第一句中"小山"的解释莫衷一是。有的指"屏山"，即屏风上山水画；有的说"小山重叠"指女子"云髻高耸"；有的说"金明灭"指枕上金漆，或指眉额上所敷的黄蕊。这些都说得通，都可在其他温词中找到旁证。如果考虑到温词中"洞房空寂寞。掩银屏，垂翠箔"。"金鸭小屏山碧"（《酒泉子》第1、2首，页75—76）等例，可见屏风是闺房的必要道具，那么以"屏山"为妥。如果是枕头或眉额，就使空间显得局促，缺失"深闺"的意涵。

张惠言认为这14首《菩萨蛮》是个从醒后、梦境、追忆到梦醒的连贯的叙事整体，而萧继宗说："未必飞卿一时之作，不过以同调相从，汇接于此，实无次第关联。"因此驳斥张惠言"以'联章诗'眼光，勉强钩合，若自成首尾者"。并讥笑他"一若飞卿身上之三尺虫"。（页56）萧说得不错，温作《菩萨蛮》似不止14首，当然这也得考虑到赵崇祚在编选与排列上的问题。

既属同一曲调,这14首可看作各首相对独立、相互之间又有互文关系的整体,读解上牵涉整体与局部的关系。对于"懒起画蛾眉,弄妆梳洗迟"之句,陈廷焯说"无限伤心,溢于言表",似与文本大相径庭,在整体中却不乏佐证,如第8首"寂寞香闺掩,人远泪阑干"(页36),与第12首:"当年还自惜,往事那堪忆"(页46)等,都表现女主的哀怨之情。但"懒起"两句含某种惆怅,不见得"伤心",接下来四句她反复照镜,专注自己的美艳,又穿上绣有"双双金鹧鸪"的新衣,点出恋爱之意。从整首词的明亮基调看,似乎意味着新一天的憧憬。因此每一首须独立对待,14首并非连贯的整体,这样能避免一概而论。比方第9首的"满宫明月梨花白"之句(页37),据此把地点移置于其他词作,那就尴尬了。而对于反复出现的惆怅、梦境以及回忆等母题,若在修辞与美学方面加以比较分析,无疑有利于对温词特色的理解。

浦江清、叶嘉莹等指出这首词的"客观"描写的特点,也有人用"一幅仕女图"或"工笔画"来形容。"鬓云欲度香腮雪"这一句中"度"字是一种拟人化修辞,还有"照花""新贴",都有动作,所以"客观"并非完全静态,而是静中有动,与看一幅画不同。的确,遍观这14首,这样的客观描绘是一种主导模式,对女性主体与周遭景物作静态的画面拼贴,而静中有动,通过暗示引发读者感情的联想,在静观中得到愉悦与启示。换言之,温庭筠摒弃了传统的比兴手法与主观抒情模式,而达到一种历史性创获,而这应当与女性形象塑造的文学传统一起考察。

从《诗经》开始便涌现表现女性的作品,如《将仲子》《白头吟》模拟女子口吻,而《孔雀东南飞》《长恨歌》等含有对女性的伦理评判,再现方式以叙事和抒情为主。其实,温庭筠的客观手法有其经典谱系——与"比兴"并列的"赋"体,属"诗教""六义"之一,只是少有在诗歌中发扬。描绘美人方面,曹植的《洛神赋》自不消说,而像沈约的《丽人赋》中"陆离羽佩,杂错花钿。响罗衣而不进,隐明灯而未前"(《六朝文絜笺注》，上海古籍出版社，1982，页24）之类的描写，映现了六朝金粉的艳丽风格。又如庾信《镜赋》中"玉花簟上，金莲帐里。始摺屏风，新开户扇。朝光晃眼，早风吹面。临栉下而牵衫，就箱边而著钏。宿鬟尚卷，残妆已薄"等语（《六朝文絜笺注》，页43），已是对女子晨妆的浓彩描绘，也显出对异性私密空间的兴趣。

各种传记中的温庭筠：出身贵胄的文学青年、沉溺声色的浪荡子、官场上的倒霉鬼。辛文房《唐才子传》说他"少敏悟天才，能走笔成万言"；品行不端，又喜欢讥刺上司，最终只做到"国子助教，竟流落而死"。他的诗名不小，与李商隐齐名，时称"温李"。《旧唐书》说他"苦心砚席，尤长于诗赋"，"能逐弦吹之音，为侧艳之词"，算是提到他的"词"了。又说他曾喝得烂醉，犯夜禁而遭到城管殴打，脸破相，牙齿被打落。有关词史的有趣现象是，八卦多，虽然大多是污名的。

温庭筠的诗歌能见两百多首，宗尚绮丽，与其词风相似，然而令人印象深刻的《商山早行》这一首，尤其"鸡声茅店月，人迹板桥霜"这两句，却属例外，或许是作者不经意为之，而前人的客观描写被提炼为一种革命性的表现手法，完全以名词拼贴诉诸视觉感官，读者通过想象体验景物的萧瑟氛围与旅人的早行心境，而这两句抽离了语法与主观，却成为一幅富于韵律的构图。事实上，温庭筠将这一客观手法运用到词的创作，开创了一种独特的新词风，也为他自己带来了救赎。

我们知道，魏晋六朝是文学自觉的时代，然而到晚唐又一波突进，《商山早行》仅是个别窗口，映现出个人风格更为鲜明、形式更为多元的文学趋势。贾岛的《题诗后》："两句三年得，一吟双泪流。知音如不赏，归卧故山秋。"可读作有关诗人的文学自觉与创作焦虑的隐喻。所谓"知音"，若照艾略特的《传统与个人才能》的说法，与文学传统的压力与个人位置的期盼有关。就温词而言，与他的诗歌与其他同代人词作相比，具有一种独特的资质，且为词史发展奠定了某种不可复制的范式。的确，词这一新样式为他提供契机，而其独特词风是对文学传统的精心选择与过滤的结果。从温庭筠"艳体"风格的渊源来看，《玉台新咏》是个不可忽视的链接，对他的词作更是如此。

《四库全书总目》云："梁简文为太子，好作艳诗，境内化之。晚年欲改作，追之不及，乃令徐陵为《玉台集》，以大其体。"（中华书局，1981，页1686）这是继《诗经》《楚辞》之后的大型诗歌总集，专收歌咏妇女的诗篇，以"闺情"为主。其实"艳诗"专指简文太子所提倡的"宫体"诗，被正统史家斥为"妖艳"、"轻浮"、"淫靡放荡"乃至"亡国之音"，不一而足。"艳诗"成为文学史上带有污名的抒情类型，即肇源于此。其实，这位简文帝与李后主、宋徽宗一样，都是错位的文艺家，如章培恒先生所指出的，"宫体"诗表现了真实的人性，是值得肯定的。或从文学批评的角度看，"艳诗"对男女之情的表现赋予具有世俗本体的性质，遂使"香草美人"式的政治诠释方法失去了用武之地。

在这一脉络里观察《菩萨蛮》，有传承也有拒绝。简文帝的百余首"宫体"如《娼妇怨情》《咏内人昼眠》《和徐录事见内人作卧具》《愁闺照镜》等，极其错金缕彩、浓妆艳抹地描绘女体以及男女私情，确是一次空前奢侈的语言宴享。温词承绪扬波，但不同是显然的，不仅在艺术质量上。《玉台新咏》中的女性被置于宫廷氛围的具体时空中，常有情节牵连，如简文帝的《美人晨妆》："北窗向朝镜，锦帐复斜萦。娇羞不肯出，犹言妆未成。散黛随眉广，燕脂逐脸生。试将持出众，定得可怜名。"（《玉台新咏笺注》，中华书局，2018，页280—281）此诗交代了美女准备出见的场景，在男性的注视下显出"娇羞"之态，而"定得可怜名"则显出从属男性的关系。同样写美女晨妆，与温作比较便显得直露浅薄。更主要的是在温词中找不到这类情节性表现，整个语境被切换成时空抽象的形态，女主的身份不明，似是个深闺之中端庄的贵妇或淑女，社会性是被排除了的。不像"宫体"诗中的若隐若现在场的男性，表现其与女性的亲昵关系；也不像李清照词中的贵妇，或有侍女在旁。在抽象表现中，女子的孤独成为浓描细写的主题，这方面客观手法充分发挥了间隔功能。她被置于男性的窥探中，却拥有自我，不是可以随意碰触、怜悯的对象。因此说到温词的"纯美"，不仅在于"精艳绝伦"的语言建构，而"纯美"本身即成为主体的隐喻,并出之以一种"纯诗"的范式。

这一点想来奇怪:温庭筠的词作无疑以其狭邪生活为基础,却毫不涉及他与歌妓交往的细节。如果说早期词作具有倚声填词便于演唱的特点,那么有可能是作者与歌女之间默契的产物,词里的孤独女性形象似乎更合乎歌女的口味。关于女子身份,温词中数见"谢娘"。有的据南朝刘令娴《摘同心栀子赠谢娘,因附此诗》认为是指歌女,有的据唐代李德裕《谢秋娘曲》,说是爱妾或歌女的代称。另如《更漏子》中"香雾薄,透帘幕,惆怅谢家池阁"(页56)之句,吴世昌说:"正用咏絮故事,亦兼叹春则已尽。'谢家池阁'或注为谢娘家,添入一'娘'字,把道韫之大家闺秀,改成倡家之通称,岂不唐突古人?"(页59)虽然说法不一,但根据这些出典,可指歌女、少女或少妇,其实即使"谢娘"也指身份矜贵的美女,也含抽象意味。

审美的前提是距离的观赏,温词中频繁出现屏风正起间隔作用。《菩萨蛮》其十一:"无言匀睡脸,枕上屏山掩"（页44）、《更漏子》其一："惊雁塞，起城乌。画屏金鹧鸪"（页56）等，与栏杆、帐帷一样，都是空间隔离装置。浦江清说得有趣："此十四章如十四扇美女屏风，各有各的姿态"，含有"两两相对""展成七叠"的内在结构，且"章与章之间，亦有蝉蜕之痕迹"。（页54）且不论"两两相对"的结构，却令人联想到古人将画卷徐徐展开的观画方式。巫鸿教授在《画屏》一书中对顾闳中《韩熙载夜宴图》的分析："屏风是最理想的分隔物——不仅分开单个的场景，而且把观赏者和观看对象隔开。展开《韩熙载夜宴图》，观赏者的动作和动作将会阶段性地被画中的屏风打断，这些屏风重新不断调整他与画面的关系——确保一定的距离，防止靠得太近，并对观赏者和画面之间既联系又分离的程度进行确切的衡量。"（上海人民出版社，2017，页67）顾闳中是李后主的侍臣，时间比温庭筠略后，巧的是巫鸿引温的《夜宴谣》一诗来说明《韩熙载夜宴图》与诗中所描写的画屏一样，"屏风也把男人和女人围绕起来"。虽然，十四扇屏风与夜宴图中的屏风不是一回事，但温词中有更多屏风，与孤独作伴，不仅对美人、也对读者起隔离作用。这里须强调读者的参与角色，这一点对于理解温词的魅力也至关重要。

浦江清说这首《菩萨蛮》："此首通体非美人自道心事，而是旁边的人见美人如此如此。"（《花间集校注》，页9）文本的意义取决于读者，我们阅读文学经典得鼓励读者的主动性，取开放态度。像温词中的女性作为读者的"窥视"对象，就涉及性别之间的权力关系。如劳拉·莫薇（Laura Mulvey）认为好莱坞经典影片中女明星花枝招展，美艳顾盼的影像，皆为了迎合男性的欣赏习惯；而男性观众通过自我投射，使她们成为欲望的捕获物。鉴于这种作派，有些女导演故意让美女直视镜头，为的是阻击男性的意淫心理。这么看来，对于窥视欲望的影响取决于怎样表现的问题。

我们来看"照花前后镜，花面交相映"这两句，如特写镜头，美人居中心，也把读者置于窥视者的地位。《玉台新咏》中不乏这类描写，何逊和费昶都有《咏照镜》之作，如前者"对影独含笑，看花空转侧"（页

198)，后者"正钗时念影，拂絮且怜香"（页237）等，表达了怜香惜花的情态。照拉康的"镜像理论"，含有某种自我意识的开悟，虽然平面的再现具装饰性，对读者也一览无余。但温庭筠笔下的美人用两面镜子额前髻后的对照，却是不寻常的镜像建构，具一种爱美自恋的象征性。我们知道希腊神话中美少年纳西索斯（Narcissus），迷醉于自己的水中倒影，以至投入湖中。与此类似，晚明时期的冯小青，擅长诗画的才女，遇人不淑而造成悲剧，其"瘦影自临春水照，卿须怜我我怜卿"的诗句为人传诵。

从温词上下文看，懒慵起床之后慢条斯理地梳妆，其照镜的全身投入，至最后"双鹧鸪"暗示情爱，她的心情颇为阳光，镜中簪花非落花，不必有薄命之叹，更不具殉美的悲剧性。她自顾自前后顾盼，两面镜子让人分神，足以对窥视欲望起疏离作用。她对读者既无唐突，也无挑逗，毋宁在邀请分享审美的愉悦。而且以精致语言建构的矜庄而优雅的女性形象，不无"哀而不伤，乐而不淫"的美学伦理，所邀请的也是一种有分寸的、文明的感情介入。这里不妨摘录几句废名的评语，对于温词中的美人，他说是"视觉的盛宴"，"表现一个立体的感觉"，"好比是一座雕刻的生命"。废名好似把"美人"当作一件艺术品，又说："以前的诗是一个镜面，温庭筠的词则是玻璃缸的水——要养个金鱼儿或插点花儿这里都行，这里还可以把天上的云朵照进来。"（《花间集校注》，页165—166）也是对间隔效果的丰富想象。这些话与我说的"纯美"主体的隐喻是相通的。

肆 欧阳修：词的桃花运

欧阳修的《诉衷情》一词：

> 清晨帘幕卷轻霜，呵手试梅妆。都缘自有离恨，故画作远山长。　　思往事，惜流芳，易成伤。拟歌先敛，欲笑还颦，是断人肠。

此词描写一位歌女，在清晨开始梳妆，卷起带有薄霜的帘幕，时值冬季。手指不灵活，她呵气使之暖和，若身边有个"卷帘人"（李清照《如梦令》），还不至于这么孤独而凄凉。她试作一种美艳的梅花妆，却想起久别的情人，因此把眉毛画得长长的，犹如远山一般，寄托其一腔离情别绪。"思往事，惜流芳，易成伤"意谓追忆似水年华，韶光流逝，美颜难再，由是满怀伤感。这三句引申她的"离恨"，句式短促，流畅而直率，而音韵上在"事"的仄声之后连用"芳"和"伤"的平声韵，在延绵的心理时空中跌宕起伏，使得"离恨"更显得悠长而深沉。

这样的句式与修辞有利于直接、自由的抒情表现。从结构方面看，由于分上下两片，与绝句或律诗比较产生一种间隙，起承转合不必一气贯注，使作者对情绪掌控更有张弛回旋的空间；同样在实际演唱中这种间隙伴随过场音乐，让歌者能调适其情绪的表演。这首词的上下阕之间，场景的切换殊为明显，由实景转为虚写，且由客观描写转向歌女的内心告白，其主体得到凸显。值得注意的是，像这类涉及歌女的词作与宴会吟咏的场合相联系，多少带有逢场作戏的性质，整首词或可视作歌女的自白，有可能叙事者在完全模仿其声口，然而，如果考虑到性别差异，会发现其中隐藏的男性的声音、描写与抒情各具功能，而男女视角的转换带来复杂层次，使阅读更具张力。如第一、二句是客观描绘，第三、四句的"都"和"故"含有的因果链的揣想，叙事中含有主观评论。下片的"思往事，惜流芳"则出于歌女的视角与口吻，而"易成伤"又含有叙事者的评论。

最后三句切换到筵席歌场，"拟歌先敛，欲笑还颦"如近距离快镜，摄下歌女在临唱之际局促不安、强颜欢笑的神态。结句"是断人肠"点出其内心的煎熬痛苦，这一叙事者的总结点评，在知晓她的"离恨"故事的读者的心头，自然产生同情。这首词不止是抒情之作，而以表演性叙事手法呈现了这一歌女形象，在卖笑生涯中被迫埋藏其爱的渴念，更遭受自我撕裂的痛苦。而叙事者在描绘中不断掺入主观判断，对阅读起诱导作用，臻至最后预期的深刻共鸣。

开头写清晨梳妆，宛现温庭筠《菩萨蛮》第一首的母题，似与《花间集》有亲缘关系。的确，一般认为北宋词承袭了晚唐、五代的"艳词"风气。晚清陈廷焯把晏殊与欧阳修都看作"艳词"（《白雨斋词话》），甚至认为："欧阳公词，飞卿之流亚也。其香艳之作，大率皆年少时笔墨，亦非尽后人伪作也。"（《词坛丛话》）这涉及欧阳修词作真伪的复杂情况，下面再讲。从欧词的主要风格来说，与《花间集》的浓艳风格不尽相同，也不走温庭筠客观描写的一路，基本上遵循的是情景交融的抒情传统，这方面五代时期冯延巳的词作清丽蕴藉，被一致尊为楷模，如刘熙载《艺概》说："冯延巳词，晏同叔得其俊，欧阳永叔得其深。"意谓欧词传承了冯词深沉的风格，这见解颇具代表性。在王国维看来，冯延巳"开北宋一代风气"（《人间词话》，第19则），且认为："余谓冯正中《玉楼春》词：'芳菲次第长相续，自是情多无处足。尊前百计得春归，莫为伤春眉黛促。'永叔一生似专学此种。"（《人间词话》，第22则）

且不论是否"专学"，这首《诉衷情》另有玄机，极为含蓄窈眇。晓妆情景不见周围景色的描写的常套，而"轻霜"与"呵手"则指涉季节环境，暗示女主的凄凉心境。另外也运用典故，就不像王国维说的那么"自然"了。如"梅妆"语出南朝宋武帝之女寿阳公主的"梅花妆"(《太平御览·杂五行书》),这隐喻歌女的美颜,而梅花有关寒冬,试妆为其应召侍客作铺垫,含冷若冰霜之意。此外"远山长"出自葛洪《西京杂记》:"文君姣好,眉色如望远山。"而化用在"都缘自有离恨,故画作远山长"的情节中,也隐喻美貌,尤其传神的是其"画"的动作,令人想起温庭筠的"照花前后镜,花面交相映"。这首《诉衷情》有个"眉意"的标题,在北宋词中略为特别,似刻意表明"诗眼"所在。陈廷焯尽管恶评欧词,但对这首词青眼有加,所谓"纵画长眉,能解离恨否?笔妙,能于无理中传出痴女子心肠"(《白雨斋词话》)。这两个典故巧妙织入文本肌理之中,不但不生违和感,且使词意愈加丰富。

今见欧阳修词作,据唐圭璋《全宋词》所收,计有260余首。这首《诉衷情》曾被收入黄庭坚文集中,但宋元以来的《欧阳文忠公集》通行本、清代毛晋的《六一词》以及近代各种宋词选本皆置于欧公名下。这首词篇什短小,倚声填词,具备北宋词的基本特征,而与歌女有关的作品则与当时繁盛的城市经济及其民间文化土壤连成一片。正是在流行新声的冲击下文学传统出现历史性分化，一代文士才女无不为靡靡之音所倾倒，其大量创作带着新形式的原始活力，为抒情传统开创新局，也确定了词的独立地位及其发展方向。所谓"艳词"的文学史意义在于摆脱了"文以载道"的轨辙，大大拓展了个人情感的表现空间，为"纯文学"语言艺术储备了愈益丰富的宝矿。

欧阳修晚年退休之后自称"六一居士"，有人问他是什么意思，他说一生为"轩裳珪组"之类的"世事"所驱役，已经形劳神疲，身心憔悴；退休之后能够与万卷书、金石遗文、琴、棋与酒为伍，所谓"六一居士"就是自居"老六"享受清闲的意思（《六一居士传》，《欧阳文忠公集》，卷44）。其实欧阳修仕途多舛，屡生退隐之想，如在滁州任上写有《郡斋闻啼鸟》一诗："百啭千声随意移，山花红紫树高低。始知锁向笼中听，不及林间自在啼。"（《欧阳文忠公集》，卷11）古代士大夫感叹人生如隙、倦于宦途的诗文作品不算少，但以"笼中鸟"自喻，那种公私对立的意识就显得出格。如果从公共与私人的不同领域来看欧阳修的写作,《欧阳文忠公集》卷帙浩繁,共有153卷,其中14卷为诗集,3卷《近体乐府》即为词集,可以说百分之九十的著述与"轩裳珪组"的公共领域有关,另外由于诗词分家,诗的实用功能大为增强,因此这三卷词集相对于载道言志的传统,属于个人情感表现领域,也最具文学性。当然如所周知,他的不少诗文作品具有很高的艺术造诣,某些词作也有公共应用的成分。

历史地看,欧阳修不愧为一位杰出的人文学者,在政治、历史、学术与文学方面颇多开创性贡献。他恪守儒家"正统",却在《诗本义》中以"人情"观念重新诠释《诗经》,与他的金石学研究一起,开启了历史疑古思潮。在政治与社会走向"世俗化"的"唐宋转型"时期,他的"人情"立场富于革新的象征意义,由是不妨称他为"人情主义"者。他参与编撰《新唐史》,又撰《新五代史》,在史学方面有所建树。他在《纵囚论》中主张善待囚犯,提出"尧舜三王之治,必本于人情",或《朋党论》中不惮君子结党之论,皆为刚直不阿、敢于直言的典范。可贵的是，尽管仕途屡遭挫折，历尽艰辛，却始终不懈地贯彻其政治与社会改革的实践精神。欧阳修引领苏氏父子、曾巩、王安石等，完成了通俗载道的古文运动，在文学史上这一页不可或缺。欧阳修的散文成就得到一致的称道，诚如朱自清指出："最以言情见长。"（《经典常谈》，中华书局，2013，页119）一语道出其"人情"底蕴的风格特色。

正所谓"一曲新词酒一杯"（晏殊《浣溪沙》），对于欧阳修来说，词仿佛为他开辟了另一个世界。往往是公务繁忙的间歇，或寄情山水，闲适自如，或宾朋宴享，花前月下，偎红倚翠——常有歌妓在场。如《近体乐府》中不乏她们的身影，"香生舞袂，楚女腰肢天与细"（《减字木兰花》）、"慢撚轻笼，玉指纤纤嫩剥葱"（同前）、"好妓好歌喉，不醉难休"（《浪淘沙》）之类，皆表达其赏心悦目、流连光景的情态。事实上，如孟元老《东京梦华录》、耐得翁《都城纪胜》等书记载，宋代的开封、杭州等城市，勾栏酒楼鳞次栉比，歌舞妓乐发达。而宋初朝野相对安逸，从京师到州府皆有官办的乐府机构，应官府之需派遣歌妓与乐工，侍候官员的公务应酬。其实乐府制度因袭前朝而来，恰逢词这一新体方兴未艾，文学似乎从未交过这种集体性的桃花运。按理说，歌妓与词人是一种制度化的关系，然而从晏殊、张先、欧阳修、柳永、秦观到苏轼、辛弃疾、周邦彦等，他们的无数浪漫故事记载于各种诗词文集、词话和笔记之中，犹如缤纷绚丽的文学花絮。

欧阳修多次离开京师在各地任职，送往迎来，处处可见官妓侍候，留下不少风流话题。魏泰的《临汉隐居诗话》："大臣有少时虽修谨，然亦性通悦，有数小词传于世，可见矣。庆历中，签书滑州节度判官，行县至韦城，饮于县令家，复以邑倡自随。逮晓，畏人知，以金钗赠倡，期缄口，亦终不能秘也。"据考证，"大臣"即欧阳修，此事发生在庆历之前，在康定元年，其时他34岁（刘德清《欧阳修纪年录》，上海古籍出版社，2006，页113）。所谓"邑倡"似当地妓女，欧阳修跟她一夜情之后，酬之以金钗，希望她保密，结果还是包不住火。有趣的是，在此前一年，他在给孙侔的信中说："仆知道晚,三十以前尚好文华,嗜酒歌呼,知以为乐,而不知其非也。及后少识圣人之道,而悔其往咎,则以布出而不可追矣。"(《答孙正之第二书》,同上书,页112)。在"悔其往咎"之后,仍放荡不羁。魏泰说他"少时虽修谨,然亦性通俛",是蛮有分寸的,只是"有数小词传于世,可见矣"。谓其"艳词"播之人口,人品有问题就不足为奇了。有人说欧阳修是"两重人格",不过从这件事看,他明知故犯,却小心"修谨",所以能在两重世界之间游走,不像柳永公然声称"忍把浮名,换了浅斟低唱",结果真的把自己的官运给断送了。

庆历五年发生"张甥案"。十余年前,欧阳修收留过已故妹夫的女儿,此案涉及是否对她有不轨行为,他的政敌乘机穷究严查,最终以查无实据而被贬谪到安徽滁州,"龙图阁直学士"的头衔也被削落。这对他无疑是重大打击,来到滁州之后深感苦闷,在《啼鸟》诗中写道:"我遭谗口身落此,每逢巧舌宜可憎。春到山城苦寂寞,把盏常恨无娉婷。"由于"遭谗"而愤愤不平,而且喝酒没女人作陪,更觉得落寞。大约地方偏僻,没有官办的乐府机构。说起欧阳修的家庭情感生活，非常悲惨，他自25岁娶妻以来，死了两位妻子和一子一女，而这一年他的八岁长女也夭亡。其"哭诗"写道："吾年未四十，三断哭子肠。一割痛莫忍，屡痛谁能当？"（《白发丧女师作》）然而尽管处于人生低谷，他在滁州勤勉律己，为老百姓做了不少好事，也写下了脍炙人口的《醉翁亭记》，文中的"醉翁"滑稽可亲，忧患之中还不失幽默，确实不容易。

过了两三年他得到升迁，做了扬州太守。叶梦得《避暑录话》曰："欧阳文忠公在扬州作平山堂……每暑时，辄凌晨携客往游，遣人走邵伯取荷花千余朵，以画盆分插百许盆，与客相间，遇酒行，即遣妓取一花传客，以次摘其叶，尽处则饮酒。往往侵夜载月而归。"试想千年前的扬州平山堂，官妓满堂穿梭，把荷花传给宾客，谁拿到空枝儿就罚酒；百来盆千余朵荷花要传多久？难怪要从凌晨喝到入夜，当然少不了有歌吹弹唱的。这个段子称"欧阳文忠公"，他已不在世了，其风流韵事为人们所津津乐道。

词在宋初交上了桃花运,但温柔乡并非桃花源。作为一种另类新体,犹如文坛上一匹黑马,开拓出一片令人惊艳的情感的象征世界,给文学才能带来新的桂冠,也使词人付出代价。欧阳修历经仁宗、英宗、神宗三朝,卷入政坛风云、朋党斗争、官场恩仇,而在他身上表现得异常尖锐而吊诡。写词给他招来麻烦,而他的词作被仇家拿来当作中伤他的武器,从中可见,伴随词的成长的文化生态。钱愐《钱氏私志》曰:

> 欧文忠任河南推官,亲一妓。时先文僖罢政为西京留守,梅圣俞、谢希深、尹师鲁同在幕下。惜欧有才无行,共白于公,屡微讽而不之恤。一日,宴于后院,客集而欧与妓俱不至,移时方来,在座相视以目。公责妓曰:"末至何也?"妓云:"中暑往凉堂睡着,觉失金钗,犹未见。"公曰:"若得欧退官一词,当为偿汝。"欧即席云:"柳外轻雷池上雨,雨声滴碎荷声。小楼西角断虹明。阑杆倚遍,待得月华生。燕子飞来栖画栋,玉钩垂下帘旌。凉波不

动箪纹平,水精双枕,傍有堕钗横。"座皆称善,遂命妓满酌赏欧,而令公库偿钗,戒欧当少戢。不惟不恤,反以为怨。后修《五代史·十国世家》,痛毁吴越。又于《归田录》中说文僖数事,皆非美谈。

从祖希白尝戒子孙毋劝人阴事,贤者为恩,不贤者为怨。欧后为人言其盗甥表云:"丧厥夫而无讬,携孤女以来归。张氏此时年方七岁。"内翰伯见而笑云:"年七岁,正是学簸钱时也。"欧词云:"江南柳,叶小未成阴。人未丝轻那忍折?莺怜枝嫩不胜吟,留取待春深。十四五,闲抱琵琶寻。堂上簸钱堂下走,恁时相见已留心,何况到如今?"欧知贡举时,落第举人作《醉蓬莱》词以讥之,词极丑诋,今不录。(《古今说海》,集成图书公司,1909)

钱惟讲了欧阳修的两件事,意在丑化与报复。"文僖"即钱惟演,天圣年间出掌河南府,欧阳修在其属下任推官。有一回钱召集文士雅宴,欧阳修与他喜欢的妓女姗姗来迟,坐下后两人还眉来眼去。钱责问妓女为何迟到,她说天热不觉睡着了,醒来发现遗失金钗,要找没找到。钱惟演非但不生气,还让欧阳修当场作词炫技,用公款补偿妓女,又对他加以劝诫。钱恼这么翻出欧阳修早年荒唐的旧账,意在表明钱惟演惜才,对他爱护有加。欧阳修却不知恩图报,反而在其著作中一再讲钱家坏话。原来在五代十国,钱镠独霸吴越一方,直到吴越王钱俶归顺宋朝,其子钱惟演官至龙图阁学士,名重一时,到钱恼已是孙甥辈了。欧阳修在《五代史》中说"吴越世家"有"考钱氏之始终非有德泽施其一方"等语,把钱家都抹黑了。又在《归田录》中记载了钱惟演的趣事:"在西洛时,尝与僚属言:'平生惟好读书,坐则读经史,卧则读小说,上厕则阅小辞。'盖未尝顷刻释卷也……余因谓希深曰:'余平生所作文章,多在三上,马上、枕上、厕上也。'盖惟此尤可以属思尔。"(《欧阳文忠公集》,卷127)这一条很有价值。钱惟演不光读经史,也读小说与小辞,颇能反映宋初文人的趣尚。其实他与杨亿等人鼓吹李商隐式"艳诗"倾向的"西昆体",在当时名噪一时。这一点也可说明他为何欣赏以"小辞"

见称的欧阳修。至于他在不同场合阅读经史、小说与小辞，含有对文类高下品位的偏见，却能说明他很懂得在具体场景中不同文类的阅读体验与感情互动。欧阳修接着说自己的"三上"创作经验，显然受到钱氏的影响，因此不见得存心嘲笑或贬低他的意思。但在钱愐眼中，大约"上厕则阅小辞"令人产生不雅的联想，有损其祖辈的名声。

另一件事即"张甥案"。所谓"盗甥表"是欧阳修的自辩词，言及当时收留妹夫的七岁孤女的情况。"簸钱"源自宫中的一种女子游戏，撒钱于地，依正反面数量决定输赢。这首词模拟欧阳修口吻，说他看到张氏在玩"簸钱"时，早已有图谋之心。值得注意的是，词中的张氏"十四五"岁，但通过"内翰伯"之口，说"七岁"正是玩"簸钱"的年龄。因此钱愐不仅要坐实欧阳修"张甥案"，实际上在说他诱奸七岁童女，手法十分卑劣。

这条笔记具词的"本事"意味，可读作文学掌故，虽然不无虚构八卦，然作为历史文本，考察作者及其时地背景，也具参考价值。宋朝兴衰与朋党斗争息息相关，如苏轼"乌台诗案",诗成为攻击政敌的武器。欧阳修与钱惟演尚不属朋党之争,而钱家后人利用欧词作人身攻击,怨毒之深寒气逼人。值得注意的是,《宋史》言及吴越王之后"父子兄弟,制策登科者,钱氏一家而已",可见其家族势力的强盛。钱愐文中提及的"从祖希白"即钱易,与钱惟演同辈,另一个"内翰伯"即钱勰,是钱易之孙,皆为龙图阁学士。所以在钱愐笔下不啻结集了整个家族的怨气,也可见由人际关系构成的政治生态的复杂与险恶。

欧阳修生前身后发生其词作的真伪问题,这条笔记中的两首词也牵涉其中。第一首题为《临江仙》,见于欧阳修词集中。如"水精双枕,傍有堕钗横"之语不啻印证了他与妓女的私情,而钱惟演及其幕僚都是喜欢"艳词"的。这则笔记富于戏剧性,不过《宋史》说钱惟演"奖励后进",从这故事可见一斑。关于词的影射大致有两种方式,这首《临江仙》是依照词的内容设置现实场景。如后来有人根据周邦彦的《少年游》一词制造了周与宋徽宗、李师师的故事,便属这种方式,子虚乌有而活灵活现，广为流传。另一种与此相反，即关于"张甥案"那首题为《望江南》，是根据实际案情而想象编造出来的，读来好似欧阳修的变态心理与犯罪动机的独白。一般认为这首词是落第举子刘煇伪作的，因为欧阳修作主考官时没录取他，因此怀恨在心，写了一些词来诬蔑他，此词是其中之一。

北宋初年的词，作者署名混淆的情况较明显，如晏殊与欧阳修的一些作品互见于各自集子里，这不仅因为风格相近，也跟许多作品产生于酒席歌场，即兴填写而被坊间拿去刊印流行有关，作者自己也不那么在意。如果需要鉴别真伪，就会发生争议，但是发生在欧阳修身上的复杂程度，词人谁也没得比，我们甚至会面对欧阳修的两副面孔，面面相觑，颇为尴尬。

南宋时期周必大鉴于世上欧阳修文集版本庞杂，问题多多，决定加以整理，终于在庆元二年（1196年）编就并出版了《欧阳文忠公集》153卷，即所谓"祖本"而流传至今。其中三卷《近体乐府》即为词集。罗泌的跋语说欧公"吟咏之余，溢为歌词，有《平山堂》集盛传于世，曾慥《雅词》不尽收也。今定为三卷且载乐语于首，其甚浅近者，前辈多谓刘煇伪作，故削之"。原来早先曾慥编过《乐府雅词》，就宣称："欧公一代儒宗，风流自命，词章窈眇，世所矜式，乃小人或作艳曲，谬为公词，今悉删除。"这表明在南宋对欧词在作一种清洁工作，删去"艳曲"或"浅近"之作，应当是受了愈趋兴盛的道学思想的影响，为使欧阳修更合乎"一代儒宗"的形象。不过虽经删削，在《近体乐府》中仍可看到许多"艳词"，罗泌说："则此三卷，或甚浮艳者，殆非公之少作，疑以传疑可也。"大约删不胜删，也只好留着了。此后有人觉得删得不够，也有人觉得可惜。当初，欧阳修自己在扬州编刊了《平山集》，退休后又有《六一词》，都已失传，因此他到底作了多少词，被删去哪些"艳曲"与"浅近"之作，只能悬之想象了。

直到《醉翁琴趣外篇》浮出水面，遂一石激起三尺浪。它曾有清代抄本，至近代张元济觅得宋刻本，1917年收入《景刊宋金元明本词》中方广为流传。《醉翁琴趣外篇》共六卷，每卷首均有"文忠公欧阳修永叔"字样，共203首词，其中125首与《近体乐府》重见，此外78首则属初次曝光，哇，几乎清一色"浅近""艳曲"！如《南乡子》：

> 好个人人，深点唇儿淡抹腮。花下相逢、忙走怕人猜。遗下弓弓小绣鞋。　　刬袜重来，半軃乌云金凤钗。行笑行行连抱得，相挨。一向娇痴不下怀。

此词写男女之情不腻不熟，一派真率，元气充盈。题材有所本，李后主《子夜啼》："花明月暗笼轻雾，今宵好向郎边去。刬袜步香阶，手提金缕鞋。　　画堂南畔见，一向偎人颤。好为出来难，教君恣意怜。"李词的意象惊艳，以朦胧气息与幽艳色调来衬托女子热情而颤凛的神态，殊为精妙。同样写幽会，欧词写女子逃逸又"刬袜重来"，多了一层曲折，也多了男女之间的互动。王国维说李后主"变伶工之词而为士大夫之词"（《人间词话》第15则），说得不差，但这首欧词介于伶工与士大夫之间，带点民歌风、口语化，尤其是"行笑行行连抱得，相挨"，如在目前，如闻其声，那种风情与节奏，发挥了词的形式特征。另一方面，此词不完全像民间创作，又有文人讲究修辞的特点，用典或化用前人字句不光表示博学，也是作家影响与焦虑的表现。与"手提金缕鞋"相比，"遗下弓弓小绣鞋"显得更为灵巧（今天看来不免恶趣），叠字"弓弓"兼有视觉与音感之妙。如王楙指出，上述《临江仙》一词中"凉波不动簟纹平，水精双枕，倚有堕钗横"之句乃从李商隐《偶题》中"水纹簟上琥珀枕，旁有堕钗双翠翘"化出（《欧阳修纪年录》，页40）。

《醉翁琴趣外篇》中描写男欢女爱，如"不知不觉上心头，悄一霎身心也没处顿"（《怨春郎》）、"翠鬟斜軃语声低，娇羞云雨时"（《阮郎归》）、"曲屏深幄解香罗，花灯彻透"（《滴滴金》）等，不乏色相直露、语俗意浅、甚至被斥为"鄙亵"。这些作品比《近体乐府》中的欧词大胆得多，却给词学研究带来兴奋，仿佛注入荷尔蒙激素，如胡适等大多持接受态度，具象征意义的是唐圭璋的《全宋词》将这些词全书收入，并指明《醉翁琴趣外篇》的各卷出处。

正是基于对欧阳修的新认识，夏承焘把他与柳永并称为宋词"大家"。从欧阳修比柳永更为多元复杂这一点来说，他对宋词的贡献仍是被低估了的。当然这带来新的问题，作品真伪之争仍是焦点，争论没有结束。我们好像看到了欧阳修的两副面孔，一个是《近体乐府》所塑造的，显得温柔宽厚，蕴藉深沉，而从《醉翁琴趣外篇》则跳出另一副率真放浪，不无轻佻浮滑的面孔。如郑振铎经过两相对照，认为："显然不是出于同一个词人的手笔。"（《插图本中国文学史》，文学古籍社，1959，页481）也有学者进一步发挥这一观点，通过版本与篇目比勘而断言："就《外篇》的风格与词旨而言，它都不可能是欧公作的。"（谢桃坊《欧阳修词集考》，《文献》，1986年第2期，页16）遂主张全部剔除这些词作。

不同的词集面貌迥异，其实在双重世界之间常常陈仓暗渡，《近体乐府》毕竟属于"艳科"，如"身似何郎枉傅粉，心如韩寿爱偷香，天赋予轻狂"（《望江南》）、"风和月好，办得黄金须买笑"（《减字木兰花》）、"人生自是有情痴，此恨不关风与月"(《玉楼春》)等，在在皆为其放达倜傥的表白，因此认为《醉翁琴趣外篇》完全不是欧阳修所作似过于决断。上文引陈廷焯说"其香艳之作，大率皆年少时笔墨"，也可成立。与此相应的在《欧阳文忠公集》中有早年所作七首《拟玉台体》的乐府诗（卷51），模仿民歌风"艳诗"。另一方面，从《醉翁琴趣外篇》标明"文忠公"这一点来看，显然属于其身后出现的坊间流行刊本，是否皆为欧词也存在疑问。而且把《临江仙》与《望江南》这两首伪作也收入，更不可思议。

但是如果我们从大众传播角度看欧阳修的两副面孔，如《时贤本事曲子集》之类的商业性词集相当流行，收入当世学士名公的作品，不乏当场吟咏或口头相传之作，为歌妓于尊前花间佐觞娱宾提供手本。《醉翁琴趣外篇》即属这种性质，入选的曲词只要好听，或早已播之人口，至于真伪倒在其次。然而既以"文忠公"作招牌，毋宁照映出一个活在大众心目中的欧阳修，比《近体乐府》中更多元、更多情的欧阳修，词也因此负载血肉生命而长流不尽。

伍 柳永：词的厄运与荣耀

生错时代的网红歌手

在宋代词人当中,因为写词而造成绝代厄运与荣耀,大概只有柳永了。

关于柳永的生平,只有一些零星的传记资料,连最后葬身何处都扑朔迷离。基本上靠一些碎片八卦的轶事逸话造成一个不幸天才的传奇而千古流传,印刻在今天的文学史中。

"凡有井水处即能歌柳词",说明柳词家喻户晓的盛况。宋人叶梦得在《避暑录话》中说,那是一个从"西夏"归来的官员说的,像是海外拿了奖似的。更像海外奇谈的是有关他的《望海潮》一词:

东南形胜，三吴都会，钱塘自古繁华。烟柳画桥，风帘翠幕，参差十万人家。云树绕堤沙。怒涛卷霜雪，天堑无涯。市列珠玑，户盈罗绮，竞豪奢。

重湖叠巘清嘉。有三秋桂子，十里荷花。羌管弄晴，菱歌泛夜，嬉嬉钓叟莲娃。千骑拥高牙。乘醉听箫鼓，吟赏烟霞。异日图将好景，归去凤池夸。（唐圭璋《全宋词》，中华书局，1980，页39。以下标页码）

据宋人罗大经《鹤林玉露》载："此词流播，金主亮闻歌，欣然有慕于'三秋桂子，十里荷花'，遂起投鞭渡江之志。"音乐无国界，曲子词源起于朔外，金主亮听歌不足为奇。他对江南美景的歆慕，也是作品美所致，不失为中国文学走向世界的佳话，然而激发其侵略野心，不无黑色幽默，颇令人想起古代"烽火戏诸侯"的故事，柳词扮演了"倾国倾城"的角色。别的不说，至少这两则故事在传递同一个信息，即说柳词之美，流传之广，名声之大。

柳永名三变，后来改为柳永，生卒年向无定论，学界一般同意唐圭璋等人的"永冠年写词赠孙何"之说，把这首《望海潮》确定为柳永二十岁时所作，并推算他生于宋太宗雍熙元年（984）。前一年柳永离开家乡福建崇安，北上汴京应试，却流寓在苏杭一带，迷上了繁华的城市生活。想拜见杭州太守孙何，不得门路，于是托名妓楚楚在宴席上唱《望海潮》，果然孙何识才，柳永也名噪一时。

柳永二十五岁至汴京，一表人才，群芳惊艳，如果把那些奇闻轶事聚拢在一起，可搭出一个戏台子。宋人罗烨《醉翁谈录》描写："其为人有仙风道骨，倜傥不羁，傲睨王侯，意尚豪放。花前月下，随意遣词，移宫换羽，词名由是盛传天下不朽。"叶梦得说："柳永为举子时，多游狭邪，善为歌辞。教坊乐工每得新腔，必求永为辞，始行于世，于是声传一时。"（《避暑录话》）于是朝野为之惊动，皇帝、首相纷纷出场，演出了一场维持风化、扼杀天才的活剧。

柳永没想到写词与当朝皇帝扯上关系，成为他一生的噩梦。他参加了数次考试，都没中，愤愤不平而作《鹤冲天》一词："黄金榜上，偶失龙头望。明代暂遗贤，如何向。未遂风云便，争不恣游狂荡。何须论得丧？才子词人，自是白衣卿相。　烟花巷陌，依约丹青屏障。幸有意中人，堪寻访。且恁偎红倚翠，风流事，平生畅。青春都一饷。忍把浮名，换了浅斟低唱。"（页51—52）其实他对朝廷是满怀希望的，遇上喜庆佳节他会作词歌功颂德一番，第一次临考前在《长寿乐》中说："对天颜咫尺，定然魁甲登高第。待恁时、等着回来贺喜。"（页39）仿佛已身披天子恩泽，区区功名唾手可得，然而咫尺天涯，屡次铩羽而归，心理上愈发不能接受。所谓"才子词人，自是白衣卿相"是牢骚话，却傲骨高耸，气势如虹。按理说应当总结失败教训，修理"登龙术"以利再战，柳永却去烟花巷寻访红粉知己倾诉衷肠，畅快风流，这还不算，甚至宣称宁可把功名换成"浅斟低唱"，把社会价值系统都颠倒了。

来到京城之后，柳永更放纵浪荡，沉溺于波西米亚式的生活。罗烨《醉翁谈录》载："耆卿居京华，暇日遍游妓馆，所至，妓者爱其词名，能移宫换羽：一经品题，声价十倍。妓者多以金物资给之。"填词带来创收，过得风光滋润。"烟花巷陌"的风流艳迹纵横交错在他的词作中，如"画鼓喧街，兰灯满市，皎月初照严城。清都绛阙夜景，风传银箭，露靉金茎。巷陌纵横。过平康款辔，缓听歌声。凤烛荧荧。那人家、未掩香屏"（《长相思》，页33—34）。"恋帝里，金谷园林，平康巷陌，触处繁华，连日疏狂，未尝轻负，寸心双眼"（《凤归云》，页31）等。他的词作是其真实自我的直率写照，《鹤冲天》一时痛快发泄，像在他的网红世界里发帖一样，马上会播之人口。

"德摩克里斯之剑"终于落下，在柳永第四次应试之后。宋人吴曾《能改斋漫录》说："仁宗留意儒雅，务本向道，深斥浮艳虚美之文。初，进士柳三变，好为淫冶讴歌之曲，传播四方，尝有《鹤冲天》词云：'忍把浮名，换了浅斟低唱。'及临轩放榜，特落之，曰：'且去浅斟低唱，何要浮名？'"所谓"特落之"，说明柳永这次考得不差，名在榜上，因为他善作艳曲，名头又大，所以皇帝刷落杀一儆百。相似的说法有两三种，如《艺苑雌黄》说柳永"喜作小词，然薄于操行，当时有荐其才者，上曰：'得非填词柳三变乎？'曰：'然。'上曰：'且去填词！'由是不得志，日与儇子纵游娼馆酒楼间，无复检约。自称云：'奉圣旨填词柳三变。'"（胡仔《苕溪渔隐丛话》）这条记载与考试无关，是有人推荐，皇帝断然否决，觉得柳永品行不端，不适合做官。不过更凸显柳永的反叛形象，不加检点，且干脆以圣旨为名我行我素起来。事实上，此时柳永四十岁左右，受了这番打击，便离开汴京去江南游历继续做"才子词人，白衣卿相"了。

历史上宋仁宗被称为"一代明君"，在位四十余年，勤勉为政，造就宋初安定繁荣的局面。在对待柳永这件事上看似吊诡，却体现了他的为政之道。我们在讲欧阳修的时候讲过宋初各地设立的教坊机制以及词这一新兴样式走向兴盛的情况，《宋史·乐志》记载："仁宗洞晓音律，每禁中度曲，以赐教坊。"而且宋人陈师道《后山诗话》说："柳三变游东都南北二巷，作新乐府，骫骳从俗，天下咏之，遂传禁中。仁宗颇好其词，每对酒，必使侍从歌之再三。"这么说皇帝也是"柳粉"了。但是另一方面宋初从真宗到仁宗三令五申整顿文风，正当柳永刚至汴京之时，便逢上真宗的"读非圣之书，及属辞浮靡者，皆严谴之"的诏令，这对于柳永已相当不利，可想而知，当"忍把浮名，换了浅斟低唱"之曲流播都下，无异于公然向当局的文艺政策叫板，因此仁宗将他从榜单中刷落，恐怕不是一时之念，而是一种忍之已久的回应。从某种角度看，十多年来对于柳永这样一个异类的存在，已是相当宽容了。

《鹤冲天》触犯了官方道德底线，"忍把浮名，换了浅斟低唱"的表述固然因对比鲜明而触目，但柳词大量描写代表个人欲望与自由的渴求，当然难被主流社会价值受容。学者注意到柳词中"狂"字的频繁率度，大多出现在留恋欢场、声色享娱的作品中，而值得注意另一类大多与"羁旅"主题有关，是表现深夜孤眠的情景，达百余首之多，"被"、"衾"、"枕"、"帷"等意象触目皆是。如"最无端处，总把良宵，只恁独眠却"（《尾犯》，页14),"凤衾鸳枕,忍负良天"(《玉蝴蝶》,页41),"忆绣衾相向轻轻语"(《祭天神》,页52),"今宵怎向漏永,顿成两处孤眠"(《临江仙引》,页48),"再三追思,洞房深处,几处饮散歌阑,香暖鸳鸯被"(《浪淘沙》,页26),"想鸳衾今夜,共他谁暖?"(《满江红》,页42),"算得伊、鸳衾凤枕,夜永争不思量?"(《彩云归》,页36)等。这类衾枕意象占据"羁旅"词的核心,在孤独中心心念念其远方的意中人,而把所有的思念与憧憬归结为同枕共衾这一点显得低俗,但他的意中人并非实指,好似一个爱的幻象的类型化意象,体现了流行歌曲的特征,其所隐含的身体欲望仍保持着词的原始活力,不仅给传统思想的"情"增添"欲"的因子,也给抒情传统注入新的生气。

孤独形象也是个性化、诗化的,其梦中情人不无"美人才子,合是相知"(《玉蝴蝶》,页41)的主观色彩。且几乎必不可少的,孤独者面对寥廓萧瑟的秋景,常以符号化的"宋玉"自譬,他也几乎必定要登高远眺,朝着帝京的方向,旖旎缱绻的记忆更增相思之苦。关于登高，我们熟悉陈子昂的《登幽州台歌》："前不见古人，后不见来者。念天地之悠悠，独怆然而涕下！"读来何等志高气爽！柳词的描绘似乎运用更符合为士人所遵循的"身在江湖，心存魏阙"的经典套路，然而对于戴着宋玉面具的主人公来说，所有的愿望只是回到爱人的身旁，重温"鸳衾凤枕"之梦，深秋季节与浩茫空间更衬托孤独的悲凉气氛；在感叹人生苦短时，也必定对身受官家拘束而不满，遂发出"良辰好景，恨浮名牵系。无分得，与你恣情浓睡"（《殢人娇》，页32）的抱怨，或者"这巧宦、不须多取"（《思归乐》，页32），"利名牵役。又争忍、把光景抛掷？"（《轮台子》，页38）等。说到底，柳词所表现的是一种普通人的人生观，与走向稳固的科举机制相背离，因此为仁宗所黜落，实际上是价值观发生冲突。

八卦野史的历史价值

朝廷要振兴儒道,严斥浮靡文风,另一方面为靡靡之音放绿灯,北宋词在吊诡中发展,官场中也发展出一套游戏规则。晏殊老谋深算,词风雍容典雅,当然是走顺水船,不会有问题。欧阳修忍不住放荡也写"艳词",却能引领文学"复古"新潮,游走在两重世界里,非高手莫办。柳永不懂这一套,不像晏、欧把词当余兴,他是全身心投入,与歌女乐工打成一片,以写词为生活方式,为虐浪笑傲传真,一如其率真自然的词风,因此吃亏。宇野直人认为柳词的"才子美人"蕴藏着某些"香草美人"的"古典模式"的寓意(《柳永论稿》,上海古籍出版社，1998，页18），想拔高却可能把柳永看低了。否则在专讲"言内而意外"的张惠言《词选》里为何柳词一首都无？柳词一向因格调低俗而遭到"雅"士排斥，除了美学趣味的原因，也跟对肉身成分的集体恐惧有关。另一方面，论者津津乐道柳词的"反抗"或"反封建"性，恐怕在他主观上不然。他热情拥抱时代的繁华，讴歌朝廷的庆典也出自真心，尽管遭到挫败，并未对仕途完全失望，约十年之后重返汴京，正逢仁宗亲政不久，为了笼络士人特开"恩科"，对历届落第的放开尺度。柳永抓住这一机会，结果录取进士达一千六百四十名，他是其中之一。此后十余年他在各地任职，循资渐进，至六十三岁方调回京师，任著作佐郎，转著作郎，又转太常博士，六十九岁转屯田员外郎，官阶从六品，属于级别最低的京官。七十岁退休，次年逝世。

北宋官场都想当京官，地方官辛苦，京师繁华之地，人文荟萃，又靠近权力中心。柳永一心想回到皇都，却不能遂愿。他的仕途坎坷，除其"填词"名声带来负面作用之外，也跟缺乏官场人脉有关。朋党政治在宋初开始形成，钱惟演、范仲淹、晏殊、欧阳修等周围都有圈子，柳永都不沾边。论者都说柳永出身于世代业儒仕宦之家，他的父亲与五个叔父都是做官的，不过柳永好像没从他家族得到什么帮助。其父柳宜在南唐官至监察御史，入宋作为"伪官"重新打拼，辗转于京师与外省，官做得颇为艰辛。李修生认为柳永在赴京之前可能在两浙一带谋出路，或在盐场充当过管勾类人员（《中国典籍与文化》，2013年第1期）。虽自成一说，却提示了思考空间。其实柳永在十四岁时，柳宜让他随其叔父回到崇安，不让他在京中完成学业，大约跟家庭经济有关。柳永初至汴京，其父已近七十，官终于工部侍郎，这对他前途带来影响。如果家族有势力，大约不会让他朝填词一路去发展，就不会与歌女乐工亲密无间以致被讥为教坊"丁大使"（刘克庄《后村诗话》），就变成另一个柳永了。

柳永约六十岁时，因久在外省升迁艰难而心有不甘，于是找门路，结果又栽在仁宗手里。这故事有四五个版本，据宋人王辟之《渑水燕谈录》所载，他结识了姓史的内官，很得同情。正好教坊要演奏新曲，也出现老人星的吉兆，史某就乘机在仁宗跟前讨情，仁宗命柳永作词。柳永求之不得，欣然命笔，做成一首《醉蓬莱慢》。然而皇帝读到开头"渐"字就不高兴，读到"宸游凤辇何处"这一句与他为真宗写的悼词暗合，神色惨然起来，最后读到"太液波翻"时，就怒说为何不写"太液波澄"？于是把词稿一丢，就把柳永的希望丢没了。

照这个传闻，仁宗不计前科，仍给柳永机会。柳永好像过于自信，没把握好皇帝心理，甚至触犯忌讳，可见其马屁功夫不专业。据说这件事发生后，柳永还去见了正居相位，向来以奖掖后进著称的晏殊。这一段很妙："晏公曰：'贤俊作曲子么？'三变曰：'只如相公亦作曲子。'公曰：'殊虽作曲子'，不曾道：'针线慵拈伴伊坐。'柳遂退。"（张舜民《画墁录》）柳词《定风波》以女子口吻表达对爱人的思念，说"早知恁么。悔当初，不把雕鞍锁"，最后说："针线闲拈伴伊坐。和我，免使年少，光阴虚过"（页30），希望两人永远不分离。这是柳词的一贯主题，只想过美满的小日子，只是从女子口里说出,更为家常温馨。晏殊回答我也作曲词,但不会写你那样的句子,一语道破他和柳永之间的价值观分歧以及作词背后的官场潜规则,柳永就无语了。

以上我讲的柳永不敢说是信史。《醉蓬莱》的记载有四五条,有人会问为什么只挑了一条来讲?比方另一条说柳永托内官把这首词送到后宫请求帮助,被仁宗发现,从此再也不许宫中唱柳词了(陈师道《后山诗话》)。如果这么问,我也无语了。这是柳永研究的烫手问题。无疑的,这些传闻都是珍贵史料,尽管八卦性质,互有矛盾,却反映了某些历史真实,即在宋代人们不断谈论柳永,也是关于词为什么那么传奇。且有些记载像隽永小品,片言只语神态毕现,含有政治与美学的不同态度。迄今我们在不免己意地选择使用这些材料,不太关注这些轶闻是怎么生产的,作者属于哪一类社会群体,对于文学批评与文化传承起到怎样的作用。对这些八卦性文献或许值得进一步探讨。

晓风残月千古秋

柳词为什么那么火？这里试举一首作点分析。"晓风残月柳三变"这句话人们口头相传，而"晓风残月"出自他的《雨霖铃》这首词，等于柳永的名片。词曰：

> 寒蝉凄切，对长亭晚，骤雨初歇。都门帐饮无绪，留恋处、兰舟催发。执手相看泪眼，竟无语凝噎。念去去，千里烟波，暮霭沉沉楚天阔。
>
> 多情自古伤离别，更那堪，冷落清秋节！今宵酒醒何处？杨柳岸，晓风残月。此去经年，应是良辰好景虚设。便纵有千种风情，更与何人说？（页21）

如何评价文学作品？若用现在流行的批评术语，一是"文学性"，一是"经典性"。前者指艺术手法，须作形式分析；后者指作品的创新度，从而确定个人才情在文学传统中的经典位置，当然，微观与宏观是互为关联的。我们知道，"长短句"古已有之，唐代之后与音乐结合而产生"词"。温庭筠、李后主等沿着"艳诗"一路发展，为中国抒情传统翻开新的一页。长短句被赋予新的节奏与律动，更适合表现男女之情的流动与变化，并展示其无数组合的可能性，而上下阕形式使篇章结构趋复杂化。关于词的长短，一般认为六十字以内为"短调"，"中调"以九十字为限，超过者为"长调"，也称"慢词"。这首《雨霖铃》属于"长调"，柳永不一定是发明者，但他精通音律，创制了大量新题长调，蔡嵩云说："宋初慢词，犹接近自然时代，往往有佳句而乏佳章。自屯田出而词法立。"（《柯亭词论》）因此说柳永为宋代慢词的发展奠定了基础，是较为公允的。

这首词写离别，不妨设想柳永在科场失意之后离开汴京的情景。读来一气呵成，荡气回肠。情景描写、场景与视点转换与欧阳修的《诉衷情》相似，但长调更为曲折，修辞手段更为复杂。开头一段写景，阵雨刚过，洗出一片清秋，凄切的蝉声带来寒意。接着"都门帐饮"可能另有送别的人，我们只隐约看到一对"无绪"的恋人，似与四周隔绝，但天若有情，所有的景色替两人难过，读者也感同身受。天色向晚，船主在催促出发，两人来到前台，仍依依不舍，"执手相看泪眼"，好似定格于脸部特写，"竟无语凝噎"，以凝练的笔触刻画出肝肠欲裂的情状，情绪结块，时光凝固，高度紧张而压抑。终于松手，"念去去"，情绪随悲吟化开，其阅读效果如唐圭璋说："'念去去'两句，推想别后所历之境。以上文字，皆郁结盘曲，至此乃凌空飞舞。"（《唐宋词简释》）然而举目千里，离情别绪如不息的波涛，在暮霭中渐行渐远，意兴幽远在我们心头回旋。

下片出现"多情自古伤离别"的画外音，点出离别主题，令人想起江淹《别赋》的"黯然销魂者，唯别而已矣！"的经典感叹，然而"更那堪，冷落清秋节！"意谓世间的离别千万种，都比不上这段"清秋"的悲凉，警醒的读者思量着悲凉的意涵时,给"今宵酒醒何处"的提问打断,紧接着忽现一幅"杨柳岸,晓风残月"的画面。这两句之所以令人击节叹赏,如清代沈谦说:"读之皆若身历其境,惝恍迷离,不能自主,文之至也。"(《填词杂说》)与前面唐圭璋的点评一样,均为一种理想阅读的回应。零距离阅读是廉价的,而神来之笔给美学期待带来惊喜。读者体味景中人的孤况,空旷中填满了同情。最后"此去经年"一段再度自问,有意思的是"便纵有千种风情,更与何人说"?无限伤感,余恨袅袅,说自己难保不风情,似乎没说谎,但任何风情都是过眼云烟,唯有你最知心,没有之一,或许这是能够向心上人作的最美告白了。

柳词以结构完整、词脉细密为人称道,如"耆卿词,曲处能直,密处能疏,奡处能平,状难状之景,达难达之情,而出之以自然,自是北宋巨手"(冯煦《蒿庵论词》),或"其佳词,则章法精严,极离合顺逆、贯串映带之妙"(蔡嵩云《柯亭词论》)。这首《雨霖铃》确具代表。它自由地运用铺叙、议论、独白与暗示等手法把离别之情表现得张弛有节，前后照应，令人一唱三叹。与情景交融的写法不同，柳永把人物和景色并置，由读者的移情体验搭桥。由于"杨柳岸，晓风残月"像一幅水墨画，刘熙载以绘画术语作点评："词有点染，耆卿《雨霖铃》'念去去'三句点出离别冷落；'今宵'两句，乃就上三句染之。点染之间，不得有他语相隔，否则警句亦成死灰矣。"（《艺概》）其实这两段也是秋景母题的一再重现，复调般随着人物视点的转移而切入不同的时空，"念去去"三句是两人目中的"沉沉暮霭"，而酒醒之后见到"杨柳岸，晓风残月"，如果"杨柳"指妓女，那么何尝不是其心上人凄凉境遇的景象？也与最后"更与何人说"更有照应。所以，这种表现手法颇如郑文焯所说："柳词浑妙深美处，全在景中人，人中意。而往复回应，又能寄托清远，达之眼前，不嫌凌杂。"（《批校乐章集》）

一般把柳词分为雅、俗两类。夏敬观说："耆卿词当分雅、俚两类。雅词用六朝小品文赋作法，层层铺叙，情景兼容，一笔到底，始终不懈。俚词袭五代淫哇之风气,开金元曲子之先声,比于里巷歌谣,亦复自成一格。"(《映庵词评》)且不论"俚词"一向遭"雅"士排斥;"雅词"几乎唯这首《雨霖铃》马首是瞻。"用六朝小品文赋作法"这一句很有启发,涉及柳词的"文学性"与文学传承关系,这方面宇野直人在《柳永论稿》一书中为《雨霖铃》每一句找出词与句的出处,涵盖了汉魏至唐代的诗文,并指出这首"词的意境全然是由这些传统意象构成的","是以离别为中心,将种种既成意象巧妙组合,从而把人类的离别情趣渲染到了极点"。(页12)某种意义上这种"巧妙组合"即类型化方法,不光是离别题材,如上文指出的有关羁旅词中秋景、远眺与鸳衾等意象,都可说是运用了类型化的表现手法。有人指出:"柳耆卿词,大率前遍铺叙景物,或写羁旅行役,后遍则追忆旧欢,伤离惜别,几乎千篇一律,绝少变换,不能自脱窠臼。"(周曾锦《卧庐词话》)确实,柳永自创各种套路,不免给套住,说"绝少变换"则言过其实,比方清代朱彝尊、汪森的《词综》收入柳词二十一首,八九属"羁旅行役"题材,可看到玩套路于股掌之上,千姿百态。

在柳永那里，雅俗是一个统一体。与大众分享是他的美学理想，负载着初始词曲的活力与肉感，追求通俗易懂，俚词俗语是本色，另一方面融汇文学传统，使词曲文人化。他对文学传统的选择多半由音乐特性所决定，以赋体铺叙为主，以内化互文的方式体现丰富的文学性与深层人文底蕴，类型化是他的一大创格，正如"鸳衾绣枕"的意象合乎民间大红大绿的审美趣味一样，诉诸大众的文化认同，也是理解他与后世通俗文学亲密关系的一把钥匙。写实是柳词的基本特征，如谢桃坊所说："多不用比兴、夸张、象征、雕饰等手段，只用平叙，尽力铺展，有似画家细致的白描、写实的手法"（《柳永词集》，上海古籍出版社，2017，页11），的确包括不用典，也不追求"香草美人"的寓意，实际上柳永避开《花间词》一路，直接将曲子词与抒情大传统接龙，自成大开大合的范式。

柳永的传奇不啻是怀才不遇、难逢明君的一声叹息，也给词人戴上"天才"的冠冕。最后再讲个桥段，宋人当中不乏把柳永与杜甫并举的论调，有人说："学诗当学杜诗，学词当学柳词。"这么看词和诗平起平坐了。张端义认为："杜诗柳词，皆无表德，只是实说。"又说："予观柳氏乐章，喜其能道嘉祐中太平气象，如观杜甫诗，典雅文华，无所不同。"（《贵耳集》）且不说"表德"，杜诗、柳词在写实与反映广阔社会方面是相似的，更多人同意柳词表现了宋初的"太平气象"，如"形容盛明，千载如逢当日"（李之仪《跋吴师道小词》），"承平气象，形容尽致世人"（陈振孙《直斋书录解题》）之类。

说实在，杜诗中不乏表现民生疾苦、社会动乱的篇章，柳词几付阙如，但柳永长年游历，足迹遍乎南北，留下不少描写各地风光的作品，像本文开头引征的《望海潮》，通过典型化手法把"东南形胜，三吴都会"的富庶繁华表现得淋漓尽致，其手法不下于现在的城市旅游广告视频。尤其在他众多作品中的京都，金銮绛阙，平康巷陌，凤辇宸游，画鼓喧街，皆一派欢乐的景观，飘浮着祥蔼氤氲，充满身逢盛世的喜悦，无怪乎范镇说："仁庙四十二年太平，吾身为史官二十年，不能赘述，而者卿能形容尽之。"（谢维新《古今合璧事类备要》），作了二十多年史官比起柳永自觉惭愧，似乎交杂着对命运错位和朝廷寡恩的感慨。如果柳永生活在今天，或能获得"人民诗人"的嘉赏，或拿奖拿到手软。看来仁宗的智商和情商都比不上宋徽宗，让周邦彦在音乐机关大晟府当个官，让他发挥音乐才能，至于是否由于李师师插手，那是另一回事了。

陆

李清照：优雅的反叛

"红袖添香"的焦虑

最近李清照火了,由其"再嫁"问题所起。艾郎诺教授的新著《才女之累:李清照及其接受史》(夏丽丽、赵惠俊译,上海古籍出版社,2017)花了三章篇幅梳理了自南宋至现当代对于她的改嫁的争论,在国内引发讨论。一个老问题,而接受史揭示不同时代对于妇女婚嫁观念的变迁,当然具有"知人论世"的文学史意义。但李清照较特别,明清以来争议愈趋激烈,是富于意味的近代现象,焦点超乎古代女性能否再嫁的道德评判,而在于维护一位不世出才女的完美形象、伦理与美学统一的理想,不过与文学的关系不那么直接。

李清照的《金石录后序》是为人传诵的名篇，其中描写早期在北方与赵明诚的夫妻生活，两人对古代文物字画的共同爱好，尤其是每当饭后烹茶一壶，以喝茶为赌，看谁对所藏书史更为熟悉，那种"举杯大笑，至茶倾覆怀中"的景象，醉心动容，而文中叙述国破家亡，一己颠沛流离与中土文物聚散相始终，更令人唏嘘不已。而这篇名文作于所谓"再嫁"事件之后，尽管今天的读者不太在意，不免给此文的完美表述蒙上一层心理阴影。

涉及的材料不多，关键者如李心传的《建炎以来系年要录》，对于李清照与张汝舟打官司而离异一事记载颇详，称李清照为"汝舟妻"，被视作"再嫁"之证。《四库全书提要》说该书："在宋人诸野史中，最足以资考证"，给予权威性评估。李清照自己有《投翰林学士綦崈礼启》一文，有"视听才分，实难共处，忍以桑榆之晚节，配兹驵侩之下材"等语，言及她与张的一段遭遇，不啻自我招供。胡仔《苕溪隐渔丛话》、王灼《碧鸡漫志》、洪适《隶释》、晁公武《郡斋读书志》与陈振孙《直斋书题解录》等均说"再适"或"再嫁"。《四库全书》在《漱玉词》的条目中也照抄不误，说李清照致綦崇礼的信在当时"传者无不笑之"（《四库全书总目》，中华书局，1981，页1814）。

看来李清照"再嫁"铁案铮铮。清代著名学者俞正燮作《易安居士事辑》，力辩她不曾改嫁。但是《建炎以来系年要录》等史料不能当八卦看，辩护者说她的《投翰林学士綦崇礼启》遭"篡改"或以"伪启"称之，难让人心服口服。笔者读到郑国弼《李清照改嫁辨正》一文，对该函仔细解读，认为李清照的确在病困之际依人檐下，遭到张汝舟设局迫胁，但及时醒悟而拒绝与他成婚（《齐鲁学刊》1984年2期）。明了这一点，函中"止无根之谤""与加湔洗""再见江山，依旧一瓶一钵"等语都含不曾再嫁之意，否则讲这些话便无意义。《金石录后序》写得如此情深意挚，或如赵明诚表侄谢伋以赵明诚官阶名妇称李清照为"赵令人"。同样她年届六旬不止一次作《皇帝阁端午帖子》《皇后阁端午帖子》等进呈宫中，正由于名份未失，都可说得通了。因此"再嫁"之说或事出有因而未加细察，误传为"改嫁"，或以讹传讹有意中伤毁谤。

　　是否"再嫁"聚讼纷纭是一回事，其实明清以来对李清照词作颂扬甚至，文学场域另一番景观，其名节问题被搁置一边。宋祖法《崇祯历城县志》："历下山川清秀，李家一女郎，犹能驾秦轶黄，陵苏轹柳"，把李清照置于秦观、黄庭坚、苏轼与柳永之上。修地方志推崇乡贤，一般不会不考虑道德指标；这么把李清照凌驾于宋词诸大家之上，偏袒得厉害，颇有明末放达倾向。另一位同乡清初的王士禛也不遑有让，《花草蒙拾》说："张南湖论词派有二：一曰婉约，一曰豪放。仆谓婉约以易安为宗，豪放惟幼安称首，皆吾济南人，难乎为继矣。"把宋词分为"婉约"与"豪放"两派起始于明代张綎的《诗余图谱》，不料影响深远，另成咀嚼话题。今人习惯从文学史时序来讲"婉约派"，从《花间》之后柳永、欧阳修、二晏等一路数起到李清照等。王士禛是清初诗坛大家，把她尊为"婉约"之"宗"，具同乡意识，却是以才情与风格特征而言。数典认"宗"不那么随便，这么说就有点闹大了。他又说："凡为诗文，贵有节制，即词曲亦然。正词至秦少游、李易安为极致，若柳耆卿则靡矣。变调至东坡为极致，辛稼轩豪于东坡而不免稍过。"（《分甘余话》）这可看作对上一种说法的补充，就整个词史而言，把秦观与李清照视为"正词"，近似"婉约"一脉，而"变调"接近"豪放"，以苏轼为代表，辛弃疾是更趋极端的。

词家"正宗"

更早提出词史上"正""变"之论的是明代王世贞,《弇州山人词评》说到词的谱系:"李氏、晏氏父子,耆卿、子野、美成、少游、易安至也,词之正宗也。温、韦艳而促,黄九精而险,长公丽而壮,幼安辨而奇。又其次也,词之变体也。"王世贞是"后七子"魁首,文学上主张"复古",以"诗必盛唐,文必秦汉"为"正宗",对于词是瞧不起的,所谓"词号称诗余,然而诗人不为也"。但他和王士禛等明清诗家越俎代庖侈谈词坛"正""变",以诗的标准要把词纳入文学"大传统"。这与宋代张炎、沈义父以来在词的范围里强调"雅正"的路数有所不同，而清代后期常州词派向诗靠拢，也是诗词分合的新动向。

王世贞的"复古"主张极其注重文学形式，而王士禛以"神韵说"著称，两人殊途同归，都具"纯文学"倾向。清人对李清照的评价各抒己见，几乎为二王"正宗"说所笼罩。沈去矜说："男中李后主，女中李易安，极是当行本色。前此太白，故称词家三李。"（《古今词论》）王学初说元代已有人将"三李"并称（《李清照集校注》，人民文学出版社，1979，页326）。那时通常认为李白是词的开山之祖，李后主的某些作品属千古绝唱，有人说李清照的词"无一首不工"（李调元语），数量上超出李白、李后主，这么"三李"并立，颇有"一览众山小"之概。因此"改嫁"问题仍然沸沸扬扬，却不妨碍批评家褒评美言她的词作，陈世焜说："李易安词风神气格，冠绝一时，直欲与白石老仙相鼓吹。"（《云韶集》）陈廷焯说："李易安词独辟门径，居然可观。其源自从淮海、大晟来。而铸语则多生造。妇人有此，可谓奇矣。"（《白雨斋词话》）他们不把文学与道德混为一谈，那些争论似乎属于考据家的事，至少在李清照批评方面可见文学观念的进步。

沈曾植是沪上著名遗老，曾北上支持张勋复辟，政治上糊涂，而其词学为人膺服，在《菌阁琐谈》中说："易安跌宕昭彰，气调极类少游，刻挚且兼山谷。篇章惜少，不过窥豹一斑。闺房之秀，固文士之豪也。才锋太露，被谤殆亦因此。自明以来，堕情者醉其芬馨，飞想者赏其神骏。易安有灵，后者当许为知己。渔洋称易安、幼安为济南二安，难乎为继。易安为婉约主，幼安为豪放主。此论非明代诸公所及。"这段话接棒于王渔洋，对李清照也不吝赞词，不啻以知音自许。所谓"被谤"，显然不信"改嫁"之说，"才锋太露"，含"女子无才便是德"的传统偏见，然而说她"闺房之秀，固文士之豪也"，又说："易安倜傥，有丈夫气，乃闺阁中之苏、辛，非秦、柳也。"那等于把李清照当男子看，不无吊诡。实际上不止一人持相似论调，上述陈廷焯说："妇人有此，可谓奇矣。"还有李调元说："易安在宋诸媛中，自卓然一家，不在秦七、黄九之下。词无一首不工。其炼处可

夺梦窗之席，其丽处直参片玉之班。盖不徒俯视巾帼，直欲压倒须眉。"（《雨村词话》）

历史上女作家本来就不多，受关注彰显的更少。宋代另有女诗人朱淑真，几与李清照齐名，有《断肠诗集》与《断肠词》流传至今，共两百多首；据说因为婚姻不幸福，将一腔幽怨诉诸诗词。最出名而具争议的是《生查子》一词："去年元夜时，花市灯如昼。月上柳梢头，人约黄昏后。今年元夜时，月与灯依旧，不见去年人，泪湿春衫袖。"（《朱淑真集注》，中华书局，2008，页246）公然与人约会，且不说大胆，语言朴质，情真如画，是一首绝妙好词。历代文人在惊诧愤怒之余一致发动"妇德"保卫战，总算发现在欧阳修《六一词》中也收入这首词，才松了一口气。据朱淑真传记"嫁为市井民妻"，词中的灯节场景富于市井气息，似不无可能，但在她的诗词集中显得非常突兀，其总体风格如《四库全书提要》说："其诗浅弱，不脱闺阁之习"，说《生查子》是欧阳修所作，被人"串入淑真集内，诬以桑濮之行"，且指斥毛晋根据此词说朱淑真"白璧微瑕"是"益卤莽之甚"(《朱淑真集注》,页268—269),基本上了断此公案。

这两位女诗人让人啧啧称奇,一般认为在艺术上高下有别。如陈廷焯说:"朱淑真词,才力不及易安,然规模唐、五代,不失分寸。"(《白雨斋词话》)这句评语饶有意味,或许可与性别及写作伦理联系起来讨论。的确,不像说李清照"文士之豪",或"有丈夫气",《四库全书提要》说朱淑真"其诗浅弱,不脱闺阁之习"。其实,朱淑真自我发声描写"闺怨"题材,意义与男性的同类之作不可同日而语,且数量可观,文学史上值得大书一笔。难道"不脱闺阁之习"不正是女性的自我表现?所谓"浅弱"有失大家端庄风范?还是诗作缺乏深度?

从性别的视角看,何为文学传统,何为经典,历来是由男性说了算的。女作家进入文学场域竞秀艺技,要获得承认尤其不易。从他们对李、朱之间孰高孰低的评论看,经典的标准极其严苛。说朱淑真"规模唐、五代,不分尺寸",中规中矩,尊重传统形式,已足可称许,所谓"浅弱",对"闺阁之习"不免偏见,但是他们一致叹服李清照的"才力",因其能超乎"尺寸"之上独创一格,自立于经典之列,因此在批评的背后可见一种"游戏"法则在起作用,那是一种使文学传统得以延续的更为强势的力量,而他们自己也受其制约。

不独雄于闺阁

　　将李清照比作男人犹如一种隐喻、一面"他者"的镜子,各说各的,从中映照出某种自我缺失与期许?或李调元说的"直欲压倒须眉",甚至自愧不如?各人镜子中仿佛有个男风的李清照,扑朔难辨,但有一点——她确乎个性鲜明。其《乌江》诗脍炙人口:"生当作人杰,死亦为鬼雄。至今思项羽,不肯过江东。"项羽因羞见江东父老而自刎乌江,此诗含有悲愤与讥刺,对于南宋的满朝文武来说如刺在背,何况出自闺阁之口?李清照另有《咏史》诗:"两汉本继绍,新室如赘疣。所以嵇中散,至死薄殷周。"晋代山涛请嵇康代他出仕,嵇康拒绝而作《与山巨源绝交书》，说他自己"每非汤武而薄周孔"，意谓不能忍受政务俗事，因此得罪司马政权而惨遭杀害。李清照把汉末王莽篡位与汤武革命联系起来，历史见识非同一般，似乎在借嵇康显出她的魏晋风骨，与《乌江》同样口吻决绝。朱熹评论说："中散非汤武得国，引之以比王莽，如此等语，岂女子所能？"（《朱子语类》卷147）。

李清照的诗才十来首，就这两首短诗的用典与议论而言，全然宋诗作派，却无江西诗派艰涩之弊。陈衍是清末民初宋诗派大佬，在《宋诗精华录》中选录了她的两对残诗："南来尚怯吴江冷，北去应悲易水寒。""南渡衣冠少王导，北来消息欠刘琨。"同样感叹时局，比《乌江》和《咏史》较为委婉。另外选录了篇幅较长的《上枢密韩公、工部尚书胡公》二首，评曰："雄浑悲壮，虽起杜、韩为之，无以过也"（曹旭点校，江西人民出版社，1984，页246—349），认为"雄浑悲壮"的气势连杜甫与韩愈都不能超过，赞誉不可谓不高。在现当代，钱锺书的《宋诗选注》颇具代表性，入选清一色男作家，当然没有李清照，比起陈石遗倒反退步了。

如论者指出，李清照的后期作品具有强烈的政治性，这应当与她的家庭卷入党争风波有关。母家王氏世代显宦，祖父王准封韩国公，有子四房，孙婿九人，其父李格非即其中之一，其他数人皆为翰林学士。她与赵明诚成婚不久，李格非名列"元祐党籍"而遭禁锢。其翁赵挺之官至大学士，死后即遭到政敌清算，所赐封号皆被收回，以致赵明诚不得不与李清照屏居乡间，达十年之久。她对于党争的倾国倾家之祸有切肤之痛，而南渡给她带来巨大痛苦，颠沛流离，老无所归，所以痛定思痛，对时局的愤慨之言及讥刺士大夫也是哀其不幸、怒其不争的意思。她否定汤武与王莽，其实一种是反"革命"态度，背后是维护宋朝"正统"的立场。赵明诚并非达官，而她敢言敢为，曾上诗给赵挺之，希望能对李格非伸出援手。听说朝廷派大臣赴金国探望被掳的徽宗、钦宗，李清照自述："见此大号令，不能忘言，作诗各一章以寄意，以待采诗者云"（《李清照集校注》，页109），遂作了二首被陈衍盛赞的"雄浑悲壮"的《上枢密韩公、工部尚书胡公》诗。绍兴年间她为皇帝、皇后与贵妃作了吉祥诗句的"帖子"呈入宫中邀赏。晚年又将赵明诚的《金石录》进呈朝廷。这些事例说明她在体制允许的条件下对公共事务的积极参与,合情合理,不失身份。但这些对于"妇德"的传统规训来说,无疑是出格之举,无怪乎被称作有"丈夫气"。

这已经很了不起,且并非偶然出格,而是再三挑战社会与性别成规。更为重要的是,她所表现的是一种优雅的反叛,总是以文本作为媒介,诗文或词,无不以精致的修辞形式显示其才学出众,见识过人,因此令人侧目,引来毁谤,也使文士们惊叹并自愧。这应当感谢中国源远流长的文学传统,就像批评者把她与历代或当世名家作比较,如王世贞、王士禛把她视作词的"正宗",无不以传统与经典作为衡量优劣的标尺。二十世纪英国诗人艾略特在《传统与个人才能》一文中提出必须尊重文学传统与经典如何生成的观点,成为文学批评的圭臬,而在中国则一向对传统抱有敬畏之心,因之对李清照的赞誉,毋宁是传统的力量在起作用。

如《金石录后序》所描绘，赵明诚与李清照在搜集金石字画方面达到痴迷的程度。赵做太学生没什么钱，常把衣服典当换钱，去古旧市场淘宝，回来两人把玩研讨，其乐无穷。后来做官也把薪俸全部花在文物上。上文提到煮茶赌输赢的插曲，李清照博闻强记，赵明诚斗不过她，事实上她也成为金石专家，参与《金石录》的撰写。这不像一个合乎传统标准的小家庭，看不到子女的负担或来自双方家庭的压力，李清照生活得舒坦，个性与才情也得以舒展，甚至有点强势。周辉《清波杂志》说："顷见易安族人，言明诚在建康日，易安每值天大雪，即顶笠披蓑，循城远览，以寻诗得句，必邀其夫赓和，明诚每苦之也。"这是一幅"妇唱夫随"的有趣画面，李清照一副"才女"作派，赵明诚有苦说不出，大约在才情方面难以使夫人满意的缘故吧。

李清照多才多艺，无论学问与文学，凌今轹古，身在闺阁的樊笼，心游于传统的长河之中，无不以痴迷为之，似是剩余精力的转化方式。有一件属异数，即她精通各种博具与赌术，在《打马图序》中声称："夫博者无他,争先术耳。予性喜博,凡所谓博者皆耽之,昼夜每忘寝食。"有论者说:"为博家作祖,亦不免为荡子阮堑。颠沛中犹不忘,是其精妙于博者。曲谈工巧,游于自然。"(《古今女史》卷3)意谓赌博有害,却不得不佩服她的渊博。她说"博"的意义在于"争先",这可能是理解她的性格的一把钥匙,所谓"慧即通,通即无所不达;专即精,精即无所不妙。故庖丁之解牛,郢人之运斤,师旷之听,离娄之视,大至于尧、舜之仁,桀、纣之恶,小至于掷豆之蝇,巾角拂棋,皆臻至理者何?妙而已"。凡事不管大小,都须全力以赴,做到专精,可见她的痴迷中蕴含着持续的激情与实践经验的不断累积,而臻于"妙"境的目的。

明代杨慎说:"宋人中填词,李易安亦称冠绝。使在衣冠,当与秦七、黄九争雄,不独雄于闺阁也。"(《词品》卷2)那么,如果李清照能允许在政治或学术领域中一显身手呢?应该是个"铁娘子"或"学霸"角色吧。

优雅的反叛

我们曾说过李清照的《词论》,是她最早提出词"别是一家",她也以词家自居,对当代各名家一一评点,引起强烈反弹。胡仔说:"易安历评诸公歌词,皆摘其短,无一免者。此论未公,吾不凭也。"(《苕溪渔隐丛话》卷33)裴畅说:"易安自凭恃其才,藐视一切,语本不足存。第以一妇人能开此大口,其妄不待言,其狂亦不可及也。"(《词苑萃编》卷9)不论这些评论当否,似乎都感受到她那种"狂妄"的气场,又难于完全屏蔽之,确实《词论》很能显出李清照独立思考与决断敢言的性格特征。就她的创作而言,对各家苛评好似投石问路,通过说"不"来探寻理想形式的途径。她看准词是一种更适合其才情发挥的形式,并全力以赴开拓新的疆域。从今存约五十首词作来看,殊多佳作,可见她对待创作极其顶真,多少弥补了数量上的遗憾。

"诗情如夜鹊,三绕未能安"(《失题》),是李清照的两句残诗,描写为寻觅妙句而辗转反侧,难以成寐,仿佛夜鹊在树间环绕而找不到落定之处。诗人苦吟不奇怪,而对苦吟的自我描绘,如晚唐贾岛的《题诗后》:"两句三年得,一吟双泪流。知音如不赏,归卧故山秋。"就含有某种文学史自觉,他的"推敲"典故更为人熟知。但李清照这两句另藏玄机,不禁为之惊异。原来"夜鹊""三绕"暗用曹操《短歌行》的句子:"月明星稀,乌鹊南飞。绕树三匝,何枝可依?山不厌高,海不厌深。周公吐哺,天下归心。"李诗看似实景的描绘,已富于形象与意境,但是若像曹操一样背后站着个"周公",要雄踞诗坛令"天下归心",就非妄即狂了。在注释这两句时,王学初引用了《短歌行》,大概考虑到"周公"这一层隐喻,评论说:"这两句新色照人,却能抉出诗人神髓,而

得之女子，尤奇。"（《李清照集校注》，页135）

且看《渔家傲》这首词："天接云涛连晓雾，星河欲转千帆舞。仿佛梦魂归帝所。闻天语，殷勤问我归何处。

我报路长嗟日暮，学诗谩有惊人句。九万里风鹏正举。风休住，蓬舟吹取三山去！"所谓"惊人句"融化了杜甫的名句——"为人性僻耽佳句，语不惊人死不休"，也是诗人苦吟的主题，而"嗟日暮"乃自叹来日无多，诗海无涯，却在"天帝"的眷顾中砥砺前行，因此另有一层自我反观的深刻性。整篇想象恣肆，气象开阔，营造了一个瑰丽奇特的梦境，而对话形式的运用则情趣洋溢，富于戏剧感。李清照在创作上呕心沥血，精益求精，跟对待金石、博具一样痴迷，却另具浩然之气。在这首词里，诗人在神话世界中聆听天帝的启示，犹如进行"奥德赛之旅"，给诗披上了神圣与神秘的风帆。有意味的是这样的主题是由词这一新形式来完成的。

李词中这首《渔家傲》显得较为特别，一向被视作"豪放"一路，梁启超说："此绝似苏辛派，不类《漱玉集》中语。"（《艺蘅馆词选》乙卷）这么说不算新鲜，说明李词的风格多样，概之以"婉约派"不无简约之嫌。凡是优秀的艺术作品须能感动人，形式上须有创意，须在文学脉络中从句式、修辞、结构等方面观察传承与新变，从而把握作者的风格特征。一般把李词分为南渡前后期，如被看作前期"少作"的《点绛唇》："蹴罢秋千，起来慵整纤纤手。露浓花瘦，薄汗沾衣透。　见客入来，袜划金钗溜。和羞走，倚门回首，却把青梅嗅。"此词描画少女情态。关于"慵整纤纤手"，五代鹿虔扆《思越人》有"珊瑚枕腻鸦鬟乱，玉纤慵整云散"之句，晨起慵懒，纤手整理散乱的头发，《花间集》中不乏这类美人睡态与晨妆的描绘。李词中变为运动型美人，荡罢秋千，"慵整纤纤手"，疲劳而调理双手，正当薄汗透衣，气喘吁吁之际，见客人来，慌不迭溜走。"袜划"的使用，以李后主描写女子幽会的"划袜步香阶，手提金缕鞋"（《菩萨蛮》）最为醒目，李词中来不及穿鞋，"金缕鞋"变作滑溜的"金钗"，活脱一副窘态。最后三句最富戏剧感，应当借自韩偓的《偶见》一诗："秋千打困解罗裙，指点醍醐索一尊。见客入来和笑走，手搓梅子映中门。"

沈祖棻十分欣赏："韩偓像一个高明的摄影师，他善于捕捉少女们生活中一些稍纵即逝的镜头，即时地形神兼备地拍摄下来。"（陈才智编著《韩偓诗全集》，崇文书局，2017，页426）在李词中"笑"改为"羞"，点明少女心理，"手搓梅子"改为"把青梅嗅"，具青涩画面感。两相比较，李作的语言更具节奏与张力，女子神态更为细腻灵动，发挥了词的形式魅力。

唐圭璋的《全宋词》不收这首《点绛唇》，在"存疑"中注出"无名氏作"。他认为："清照名门闺秀，少有诗名，亦不致不穿鞋而着袜行走，含羞迎笑，倚门回首，颇似市井妇女之行径，不似清照为人。无名氏演韩偓诗，当有可能。"（《读李清照词札记》）编选者也是批评者，依据文献版本掌生杀之权。从这首词却可窥见李清照独特的词学路径，她的前期颇受《花间集》影响，也是学词的通常路数，但她时时回到诗的本源汲取灵感，韩偓的"香奁体"代表"艳诗"的尖新发展，《点绛唇》说明她别具慧眼，点铁成金。这并非孤证，如《如梦令》："昨夜风疏雨骤。浓睡不消残酒。试问卷帘人，却道海棠依旧。知否,知否?应是绿肥红瘦。"这是李词名篇,也关乎韩偓的《懒起》:"昨夜三更雨,临明一阵寒。海棠花在否,侧卧卷帘看。"(《韩偓诗全集》,页426)两者的亲缘关系一目了然。

同样招惹麻烦的是另一首《浣溪沙·闺情》:"绣面芙蓉一笑开。斜飞宝鸭衬香腮。眼波才动被人猜。 一面风情深有韵,半牋娇恨寄幽怀。月移花影约重来。"最末一句令人想起元稹的《莺莺传》中莺莺写的幽会诗:"待月西厢下,迎风户半开。拂墙花影动,疑是玉人来。"由红娘传给张生,由是两人幽会,演出了一场离经叛道的爱情剧。清末王鹏运刊刻《漱玉集》时,认为这首《浣溪沙》一定是假冒的:"此尤不类,明明是淑真'月上柳梢头,人约黄昏后'词意。盖既污淑真,又污易安也。"因此不收此词。像对待朱淑真的《生查子》一样,这样为才女洗刷如英雄救美,毕竟是纯粹的道德观念作怪。龙榆生批评说:"王鹏运谓是他人伪托,以污易安。要之明诚在日,易安固一风流蕴藉之人物,言语文字之间,亦复何所避忌?"(《漱玉词叙论》)相较之下就通脱透彻得多，李清照与赵明诚琴瑟和鸣，伸展自如，"风流蕴藉"颇能形容她的倜傥个性，其词作不必是她生活的真实写实，犹如纸上舞台，想象自有驰骋的空间。

在对李清照的批评中，王灼的《碧鸡漫志》说："晚节流荡无归。作长短句，能曲折尽人意，轻巧尖新，姿态百出。闾巷荒淫之语，肆意落笔。自古缙绅之家能文妇女，未见如此无顾藉也。"从道德文章上把李清照看作一个无可救药的坏女人，这样的批评极其严苛。虽然，如"能曲折尽人意"等语，刻薄之中却能道出某些真实，所谓"无顾藉"，如上文含羞回首或私情密约的女子形象，均触犯了传统伦理的戒律。的确无可否认，这类女子作为她的想象的产物，既含女性自由欲望的抽象表现，也是其出格个性的自我狂想，富于反叛的意欲，却不逾名媛仪范，仿佛在闺阁的边界徘徊瞻顾，神游于司马相如在卓府作客奏琴、卓文君"从户窥之，心悦而好之"的情景（《史记·司马相如传》），或窥视西厢的幽会密约，伴随着反叛的始终是一种优雅的形式，把尖锐、矜持与婉约转化为风流蕴藉的风格，定格为永恒的艺术，某种意义上做到这一点更为艰巨。如《点绛唇》与《如梦令》对韩偓的改写也是不同性别文学实践的隐喻,在李词对少女情怀的微妙刻画、惜花闺情的深沉体验的映衬下,韩诗就显得隔了一层,可见一旦女性的自我书写展示出新的文学自觉的力度,将改变语言与美学的法则。

生命之旅的绝唱

　　李清照后期词作表现故土思念,孤独凄凉,词风深沉,艺境愈精,读之无不受感染,而以《声声慢》为最。徐培均在《年谱》中认为曾慥于绍兴十六年编成《乐府雅词》,收李词23首,《声声慢》不在内,因此把它置于绍兴十七年,其时李清照64岁(《李清照集笺注》,上海古籍出版社,2002,508页)。李卒于73岁,的确,《声声慢》与老境惨戚的自我写照相合,这么说真可谓压轴之作了。词曰:

　　寻寻觅觅,冷冷清清,凄凄惨惨戚戚。乍暖还寒时候，最难将息。三杯两盏淡酒，怎敌他、晚来风急？雁过也，正伤心，却是旧时相识。　　满地黄花堆积，憔悴损，如今有谁堪摘？守着窗儿，独自怎生得黑？梧桐更兼细雨，到黄昏、点点滴滴。这次第，怎一个愁字了得！

以七个叠字开头，已成为词史上的奇观。历代评论密密麻麻，无不惊艳，瞠目结舌，好似节庆的嘉年华。宋人张端义说："此乃公孙大娘舞剑手。本朝非无能词之士，未曾有一下十四叠词者。"（《贵耳集》）古诗中使用叠词的并不少，有三叠、四叠、连叠等各种叠法，最夸张的莫过于韩愈《南山诗》中七个联句，五言句句嵌入叠字，加起来十四叠词，但与一连七叠的用法毕竟不同，因此罗大经惊叹："起头连叠七字，以一妇人，乃能创意出奇如此！"（《鹤林玉露》）有趣的是这次没人说"丈夫气"之类的话了，不得不承认这是一个"妇人"的创造。

上文提到李清照在《词论》中差评诸家而引起不满，音乐性是焦点。王学初说："清照虽侈谈声律，以声律为品评准绳，而清照在词之声律方面之成就，未必能如北宋早期之柳永，以及北宋末年之大晟府修撰诸人。虽今人或有言其善用双声叠韵字及细辨四声，似亦出偶然，并不每首如此。"(《李清照集校注》，页200)的确，柳永精熟声律离不开歌场实践，这方面李清照不如柳永，因此只能在文字上讲究声律。她说："盖诗文分平侧，而歌词分五音，又分五声，有分六律，又分清浊轻重。"又谈到《声声慢》等词牌的用韵问题，说明她是下了功夫的。其实她对博具已那么痴迷，对于声律之学应当变本加厉才合乎情理。事实上诗文平仄与歌词的五音、五声、六律等互有相通之处，而《声声慢》正是突破了平仄的局限而取得创造性成就，王学初说出自"偶然"，显然是低估了。

《声声慢》的声律造诣，不光是在开头使用叠字，如"凄凄惨惨戚戚"是叠韵也是双声，由舌音转为齿声，犹如泣诉。下阕又有"点点滴滴"与开头叠词相呼应，明代茅暎说："后又四叠字，情景宛绝，真是绝唱！"(《词的》)在用韵方面，清人万树的《词律》是为词谱示范的书，收入《声声慢》说："用仄韵，从来此体皆收易安所作，盖其遒逸之气，如生龙活虎，非描塑可拟。其用字奇横而不妨音律，故卓绝千古。"为众家激赏的另有"守着窗儿，独自怎生得黑？"的"黑"字。张端义说："'黑'字不许第二人押。"（《贵耳集》）陈廷焯说："'黑'字警，后幅一片神行，愈唱愈妙。"（《云韶集》）

十四叠字为全词笼罩一片空空荡荡的凄惨气氛，梁启超认为："这首词写一天从早到晚的实感。"（《中国韵文里头所表现的情感》）唐圭璋不以为然："此词上片既言'晚来'，下片如何可言'到黄昏'雨滴梧桐？前后言语重复，殊不可解。若作'晓来'，自朝至暮，整日凝愁，文从字顺，豁然贯通。"（《读李清照词札记》）梁的诠释有悖文本，原文毕竟作"晚来"，那怎么理解时间错位呢？作者不会是无意的，那就不能看作限于某一天的描写。飞雁与黄花都是深秋的象征画面，又值晚风、黄昏，似是其记忆屏幕上累积体验的典型性图景拼贴。不仅"伤心"与"憔悴"，孤独更可怕，"守着窗儿，独自怎生得黑？"时光守不住，无可挽回地流逝，"怎么能等到黑夜"？等待生命被吞噬的一刻，无奈而备受煎熬。这些构成一幅日暮途穷的境况，这首词更像生命走向尽头的寓言。这个'黑'字下得如此绝对，只是恐惧，没一丝希望，没有下一个春天。

在后期词作中《声声慢》极不寻常，几乎不用典故，没有华辞丽藻，完全使用日常语言，即所谓"本色语"，在前期词作已出现，如上面《浣溪沙》上篇的开头两句"绣面芙蓉一笑开。斜飞宝鸭衬香腮"带有《花间集》绮丽装饰的特点，而第三句"眼波才动被人猜"对比明显，被称为"本色语"而为人击赏。清人贺裳说："词虽以险丽为工，实不及本色语之妙。"（《皱水轩词荃》）这种从生活中捕捉微妙瞬间而作自然灵动的表现，需要对日常语言的提炼、雅俗调适和虚词俚语的使用，当然是高难度的。这方面李后主的《虞美人》等堪称典范，而在后期李词中"本色语"频繁出现，如《孤雁儿》："一枝折得，人间天上，没个人堪寄。"或《永遇乐》："如今憔悴，风鬟雾鬓，怕见夜间出去。不如向帘儿底下，听人笑语。"这类"本色语"印刻着特殊体验的原创性，常出现在篇末，几乎成为李清照晚期风格的标记，也是之所以被后世称作"正宗"的主要原因。

但是尤其是《声声慢》则是彻底本色的，更具口语色彩，所描绘的则是身体与精神的深秋情状。对"乍暖还寒"气候变化的敏感，是老年症候。"淡酒"是酒力衰退的征兆，只带来有限的温暖。这与以前作品中常出现的"酒"的豪爽意象形成对照。满地黄花没人洒扫，无穷尽的愁绪如点点滴滴的梧桐雨，销蚀着残存的生命。以前是"东篱把酒黄昏后，有暗香盈袖。莫道不销魂，帘卷西风，人比黄花瘦"（《醉花阴》）。"衣带渐宽"，仍不减陶令潇洒，现在黄花露出本相，"憔悴损"而没人想摘，就像一个满目疮痍的美人。这不由让人想起一个历史桥段：汉武帝探望重病的李夫人，她用被子遮脸，不愿显露其衰容，想使她的美颜永远留存在武帝的记忆里。相似的故事不断重演，不分古今中外，好似一个有关"美"的寓言，如秋海棠的故事，或张爱玲，据说她晚年与世隔绝，是学永不衰老的嘉宝。然而她在 75 岁获奖而公示了一张照片，脸旁是金日成之死的新闻报纸，也是一种自画像的艺术处理，给人产生多种猜想。

然而，李清照这一幅老境凄惨的自画像却成为惊世名作！运用本色语来描绘晚年境况，为了求真，几乎赤裸裸呈现走向衰亡的真实形相，如果不是每一笔触能让人惊叹其匠心独运，凌越往昔，那么，《声声慢》无非是一朵"憔悴损"的黄花而已。其精妙匠心之一，如夏承焘所揭示的："用舌声的共十五字，用齿声的四十二字，全词九十七字，而这二声却多至五十七字，占半数以上。尤其是末了几句：'梧桐更兼细雨，到黄昏，点点滴滴，这次第，怎一个愁字了得！'二十多个字里舌齿两声交相重叠，这应是有意用叮咛的口吻，写自己忧郁悄恍的心情……宋人只惊奇它开头敢用十四个重叠字，还不曾注意到它全首声调的美妙。"（《李清照词的艺术特色》）批评总是开放的，总会有新的发现，这里蕴含着"美"的真谛，如美术中"裸体"(the nude)与"露体"(the naked)之间的区别，前者是由美学法则建制的艺术品，后者是自然形体，虽然能激动力必多欲望。

所以这不是一件简单之作，几无前例可循。这样的作品不会一蹴而就，词中时间的错位可看作创作上经年累月的暗示，更有可能作于64岁之后。老年人的世界一切好像在作减法，酒喝不动，花懒得摘，追忆也模糊，而李清照不甘在挑战自己，其实词中的自我情态已不免颓唐，或许现实更为不堪，但她仍然不失优雅，不流于呼天抢地的滥情，不作踵事增华的粉饰，旨在刻画步入衰年的人生真相，给老人一个尊严。正是凭借艺术的信念与力量，她经营于字里行间，在坠落的边缘战战兢兢，挥斧运斤，以精致的艺术抗拒死亡与绝望，完成自我的救赎。从深一层意义上说，她必须摒弃前人的影响与语言的荃饰，包括反叛自己往昔的优雅，不管是"风流蕴藉"还是"婉约"，唯一剩下的是对艺术的真诚，让世界与自我展示其本真，使语言与对象达到纯粹的统一，在此意义上优雅的形式显示其形而上意义。

须提到一个小插曲，有点煞风景。清人许昂霄在《词综偶评》中说："此词颇带伧气，而昔人极口称之，殊不可解。"虽然未作解释，"伧气"当然是不优雅的意思。在众口一词的称赞中，这是极其少有的不协之声，却有点意思。

  《声声慢》以"寻寻觅觅"开头，词人在"寻觅"什么？或许可联系到她的《渔家傲》中"我报路长嗟日暮，学诗谩有惊人句"。日暮长途，不懈追求，在这首词里得到见证，既受天意的眷顾，又保持感恩和敬畏，终于造就最后生命的绝唱。

柒 苏轼:『以诗为词』与抒情的节制

"以诗为词"的文学史公案

"以诗为词"是文学史专用词,指苏轼对词史发展的重要贡献。那是苏轼的专利,当然是别人为他注册的,到近世愈成为一个文学天才的标签。一般认为自唐宋以来词作为一种音乐与文字结合的新诗体,由温庭筠、柳永等人开拓了"艳词"的表现空间,丝竹管弦,柔情醉心,不仅在民间广为流行,如晏殊、欧阳修等达官名宦纷纷染指,文士才媛也趋之若鹜,如晏几道、秦观、黄庭坚、李清照等名家辈出,作品繁盛,好不兴旺。不料从横路杀出个苏轼,偏不买账。在他看来,柳永格调不高,却被奉为"正宗",风靡一时的作品无不儿女情长、软玉温香。为了打破这种单一软性的风气，苏轼另辟新境，给词坛带来震撼。无论长篇短制皆与"艳科"迥异，却独抒胸臆，意趣横生。有人指出苏轼这么做是"以诗为词"，即用作诗的方法来作词，对此有赞扬，有非议，至近代不曾消歇，可说是词学史上一重公案。

发现"以诗为词"的当推陈师道："退之以文为诗，子瞻以诗为词，如教坊雷大使之舞，虽极天下之工，要非本色。今代词手，惟秦七、黄九尔，唐诸人不迨也。"（《后山诗话》）雷大使是宋初国立艺术学院的舞蹈教师，陈师道说苏词像雷大使的舞蹈艺术，精美绝伦，然而毕竟不是温、柳以来的"本色"。近人沈曾植提出质疑：既然雷大使的舞艺精妙无比，却说他不本色，那么"将方外乐为本色乎"（《菌阁琐谈》）?似说陈师道吃里扒外，缺乏国粹意识。不过本源上词的音乐性确实从域外传入，陈师道说的"本色"是指词的音乐与抒情，可能雷大使的舞蹈风格比较粗犷，在他看来不合词的特性。他的本意是为秦观与黄庭坚打广告，说只有这两人是胜过唐人的"词手",与同列苏门弟子不无关系,其实他的词本位立场是随大流,反而没能体会夫子"以诗为词"的深刻意义。

"以诗为词"引起词的音律问题。李清照的《词论》批评晏殊、欧阳修与苏轼:"学际天人,作为小歌词,直如酌蠡水于大海,然皆句读不葺之诗也。"苏轼固然才大气盛,但不带脚镣跳舞显不出真本事,所以他还是在写诗。李清照把晏殊、欧阳修也算进去,强调她的词"别是一家"的观点,比陈师道还专业。也有人说苏轼并非不懂音律,有一回酒酣之际,他自制曲调《阳关曲》高歌起来,所以"公非不能歌,但豪放,不喜裁剪以就声律耳"(《历代诗余》引晁以道语)。

陈师道的"以诗为词"论引起苏粉的愤慨。王从之《滹南诗话》说:"陈后山谓坡公以诗为词,大是妄论。盖词与诗只一理。"近代陈廷焯《白雨斋词话》说:"昔人谓东坡词非正声,此特拘于音调言之,而不究本原之所在,眼光如豆,不足与之辩也。"愤慨形见于辞。相似的说法有不少,大致上认为古乐府就有长短句,词曲是从诗派生出来的,没必要诗词分家。王灼《碧鸡漫志》说:"东坡先生以文章余事作诗,溢而作词曲,高处出神入天,平处尚临镜笑春,不顾侪辈。"意谓苏轼对诗词一视同仁,都是业余爱好,不那么认真,但他是个天才,凡有所作都出手不凡,不在乎别人怎么看。又说:"东坡先生非心醉与音律者,偶尔作歌,指出向上一路,新天下耳目,弄笔者始知自振。"苏轼不在乎音律,在他身上一切都如自然天籁,说他"以诗为词",就好像说他太在乎,等于给天才打了折扣。

晚唐以来,作家竞相追求个人风格,产生一种新的文学自觉。一方面开拓新的类型,如词的兴起;另一方面通过不同文类互相借鉴寻求创新之途。这也是文学传统发展到一定阶段的产物。陈师道说"退之以文为诗,子瞻以诗为词",是挺有文学史眼光的。词已经成为专科,才会有"以诗为词"的提法,就其一般意义而言,所谓"无意不可入,无事不可言"(刘熙载《艺概》)。这为抒情领域打开新的表现空间,无疑有利于词的发展,如果一味朝软性抒情的路子走下去,就会越来越狭窄。

有趣的是主张诗词不分的，还是在词的发展语境中强调苏轼的"横放杰出"（晁无咎《复斋漫录引》）的意义。胡寅《题酒边词》说："柳耆卿后出，掩众制而尽其妙，好之者以为不可复加。及眉山苏氏，一洗绮罗香泽之态，摆脱绸缪婉转之度，使人登高望远，举首高歌，而逸怀浩气超然乎尘垢之外，于是花间为皂隶，而柳氏为舆台矣。"这种苏词高于温庭筠、柳永的看法本身就带有某种偏见。

其实说苏轼"向上一路"或者"横放杰出"，倒不如说他是逆风而行。这也是艺术创作的一条重要定律。清末梁启超抱怨"诗之境界，被千余年来鹦鹉名士占尽"，自觉"过于尖刻"（《夏威夷游记》），不过像历史上苏轼那样的确没几个，不光他才华洋溢，王鹏运说："宁止才华而已，其性情、其学问、其襟抱，举非恒流所能梦见。词家苏、辛并称，其实辛犹人境也，苏其殆仙乎！"认为辛弃疾是"人"，苏东坡是"仙"（《半塘老人遗稿》）。不止是王鹏运，刘熙载也有"东坡词具神仙之姿"的说法（《艺概》），与此相应批评者以"清雄"、"清丽"或

"清空"等概括苏词的风格,所谓"清"指苏词与抒情传统的疏离而言,他的词作的确体现各种与感情疏离的特征,对今天仍具启示意义。

对于苏轼天才的赞评,许昂霄说:"子瞻自评其文如万斛泉源,不择地皆可出,唯词亦然。"(《词综偶评》)夏敬观说:"东坡词如春花散空,不著迹象。"(《手批东坡词》)不过"万斛泉源""春花散空"可作另一种解读,即随意赋形,变化无端,含多种可能性,如《哨遍》一词把陶渊明的《归去来兮辞》"稍加檃括,使就声律",这等于以赋为词(龙榆生,《东坡乐府笺》,上海古籍出版社,2018,页165)。或如《戚氏》"详叙穆天子、西王母事"(同前,页298—299),等于以词为小说。事实上,词为苏轼提供了多方实验的空间。对于苏词说得极到位的是金代元好问:"东坡圣处,非有意于文字之为工,不得不然之为工也。坡以来山谷、晁无咎、陈去非、辛幼安诸公,俱以歌词取称,吟咏情性,留连光景,清壮顿挫,能起人妙思,亦有语意拙直,不自缘饰,因病成妍者,皆自坡发之。"(《遗山文集》卷36)因为不讲究，无意中"不得不然"即合乎艺术规律的杰作，不然也会产生草率之作，为黄山谷等后学者树立了坏榜样。

众所周知，到了南宋硬派词风一路飙发，辛弃疾、叶梦得、陈与义、陆游、陈亮、杨万里、张元幹、张孝祥等形成"豪放派"阵容，苏轼被尊为开山祖。与其是苏门弟子未能领会"以诗为词"，毋宁是时势造英雄。在"靖康之耻"的刺激下，词人们慷慨激昂为国呐喊。同时温、柳以来"婉约"一派也代有新声，由姜夔、周邦彦、李清照、吴文英等前后传承，在个人小世界低回吟唱，抒情领域中各显身手。至清代，代表官方文艺观的《四库全书提要》不那么看得起词人，比起做诗作文的不止矮一截，而对词史的评价却能就事论事，说《东坡词》："词自晚唐、五代以来，以清切婉丽为宗。至柳永而一变，如诗家之有白居易；至轼又一变，如诗家之有韩愈，遂开南宋辛弃疾等一派。寻源溯流，不能不谓之别格，然谓之不工则不可。故今日与《花间》一派并行，而不能偏废。"持论中庸，摆平软硬两派，接过陈师道的话头，措辞斟酌，把柳永比作白居易，又把苏轼比作韩愈，隐含以诗为词之意,最后表示不能说苏、辛一派"不工",毕竟属于"别格",还是肯定"清切婉丽为宗"。现在文学史上的宋词论述基本上维持两派平行的格局,虽然评判上仍有分别。

自我镜像的虚构

关于苏轼作词,最有趣的是俞文豹《吹剑录》这一段了:

> 东坡在玉堂日,有幕士善歌,因问:"我词何如耆卿?"对曰:"郎中词,只好十七八女子,执红牙板,歌'杨柳岸晓风残月';学士词,须关西大汉,绰铁板,唱'大江东去'。"为之绝倒。

"大江东去"即苏轼的《念奴娇》一词,看来苏轼确实有意和柳永比拼,幕士不说孰高孰低,各举一首对比。

"杨柳岸晓风残月"指柳永的名片之作《雨霖铃》。与十七八女子相较,关西大汉的吃相不那么好看,似对苏词不合音律带点戏谑。试想现场这一幕,可能"绝倒"的不仅是苏轼。幕客挑中这一首搔到痒处,它已脍炙人口,足与柳词媲美。他有先见之明,仿佛看到今天的文学史,说苏轼开启了"豪放派",以《念奴娇》为冠。

这无疑是"以诗为词"的绝佳例子。然而为什么?我们说一件事要知其然,更要知其所以然。胡云翼说:"苏轼'以诗为词',不仅用某些诗的表现手法作词,而且把词看作和诗具有同样的言志咏怀的作用。"(《宋词选前言》,上海古籍出版社,1978,页10—11)"某些诗的表现手法"是什么呢?论者说苏词都有标题,有的像一篇小序,即作诗的方法,这么说简单而笼统。我们不妨作逆向式提问:苏轼为何作了那么多词?形式上词给他带来怎样的创造灵感?有哪些表现手法是他的诗所不具备的?

严羽在《沧浪诗话》中说"以文字为诗,以才学为诗,以议论为诗",那是对以黄庭坚为首的江西诗派的批评，说是宋诗的特点也八九不离十。郭绍虞说："即东坡论诗亦未免此习。"（人民文学出版社，1983，页26、34）正是在这样的语言背景中，苏轼挑战温、柳以来的词风。《念奴娇》是苏轼在元丰年间贬谪到黄州之后的作品，题作："赤壁怀古"，词中有学问有议论尚属表面，这是从诗里借来的历史"怀古"题材，以前的词人未曾写过。苏轼的创作新空间充满机遇与挑战，事实上既超越了诗歌的同类题材，在曲调上也自我作古。唐玄宗时一个叫"念奴"的歌手，"每执板当局，声出朝霞之上"。（王仁裕《开元天宝遗事》）曲名"念奴娇"由此而来。龙榆生说："此调音节高抗，英雄豪杰之士多喜用之"，并以苏词《念奴娇》为标本。（《唐宋词格律》，上海古籍出版社，2010，页148）苏轼之前仅发现沈唐作过《念奴娇》（唐圭璋《全宋词》，中华书局，1980，页171），属时尚软词一路。确实是苏轼使之成为一支高亢的曲调。

"大江东去，浪淘尽、千古风流人物。"（《东坡乐府笺》，页172—173）从前中学时代就读到这首《念奴娇》，荡气回肠，至今难忘。这起首两句便是俯瞰历史、英雄豪杰的气派。"故垒西边，人道是、三国周郎赤壁。"指明地点。接着写赤壁景色，"乱石崩云，惊涛裂岸"，动词"崩"和"裂"凝练刻画地理形势，隐喻惊心动魄的历史时刻。"卷起千堆雪"的景色意象明丽，犹如作者心潮澎湃，由是感叹："江山如画，一时多少豪杰！"

下片转入心理想象，"遥想公瑾当年"与上面"三国周郎赤壁"相呼应，其实是此词核心，是萦绕于苏轼心头的主角。所谓"小乔初嫁了，雄姿英发"，据史传周瑜长相俊秀，议论"英发"，二十四岁得到吴主孙权重用，临敌拜将。大乔与小乔姊妹俩是吴国绝色美女，分别嫁给孙权与周瑜。这幅周瑜速写，年轻才俊，江山美人，方是英雄本色，苏轼的笔触倾情而浪漫，也是他的理想人生的隐喻。接着"羽扇纶巾"指诸葛亮神机妙算，在赤壁以火攻战胜曹军，遂形成三国鼎立的局面。而"谈笑间，樯橹灰飞烟灭"，描绘这历史对决的关键时刻，何等轻松潇洒！其实在给周瑜补笔，诸葛亮更像个配角。最后"故国神游，多情应笑我，早生华发。人间如梦，一尊还酹江月"。在历史想象中醒来，觉得为自己"多情"得可笑，周瑜在青春年少时就建立了赫赫功业，自己已未老先衰，头上银鬓星闪，还落到不堪落魄的境地。因此人生如梦，不如看开点。如此孤独自怜，不妨斟一杯邀江月同醉吧。

关于三国的怀古名篇，杜甫的《蜀相》以"出师未捷身先死，长使英雄泪满襟"结尾，对于忠心报主、鞠躬尽瘁的诸葛亮深表悲叹，令人唏嘘。另一首杜牧的《赤壁》："折戟沉沙铁未销，自将磨洗认前朝。东风不与周郎便，铜雀春深锁二乔。"说周瑜运气好，火烧连营全靠东风，不然二乔为曹操所占有。虽是"谋事在人成事在天"的老生常谈，只是扯上"二乔"，似怜香惜玉甚于江山，隐显杜牧的风流才情。苏轼这首《念奴娇》抒发时不我与、壮心消磨的喟叹，以赤壁之镜建构自我形象层次曲折，难以豪放风格来涵盖。下片从人物到场景，从沉醉于荣名与辉煌到失落的自省，如梦的颓唐反讽豪放的激情，而"小乔初嫁了"如灵光一现，风光无限，苏轼难掩其儿女柔情。

当他"遥想公瑾当年"，该回想自己正是二十岁出头金榜摘桂，得到文坛大佬欧阳修的赏识，在京中任职，抱负满满，"奋厉有当世志"（苏辙《东坡先生墓志铭》，《东坡乐府笺》，页1），然而短暂京官之后周转各地，历经仁宗、英宗、神宗三朝，在新旧党争的政治漩涡中因生性耿直坚持己见而备受打击，元丰二年（1079）以毁谤朝廷罪被捕入狱，即震惊朝野的"乌台诗案"，次年被遣往江西担任黄州团练副使，《念奴娇》作于第三年，时年四十七岁。通过赤壁怀古回顾一生仕途，他觉得疲累，幻灭，其实被贬黄州是留官察看，还得处处小心。"多情"的自嘲中五味杂陈，无奈与憋屈的挣扎中浮现出一种新的人生观，即不再执着儒家的功业信条，不怨天尤人，也不悲观自弃，而做回自己，追求精神的自由，身处逆境也要活得乐观潇洒。如方家指出，在黄州的四五年间，苏轼思想上发生转折，愈受佛道的影响，这对他的内心减压与精神解脱起了很大作用。

今存苏诗二千七百多首，词三百多首。两相比较的话，词中的苏轼是更为放松的。他以《念奴娇》形塑了新的自我，体现了形式的创造性运用。他的诗歌以写实为基本特点，紧扣时间、地点和人物，不是没有想象，却碎片似的夹杂在细节铺陈与典故联想中。对苏轼来说，"以诗为词"是辩证否定的艺术实践，须遵守词的形式，寻找有别于写实的表现手法，当然也须摆脱诗的种种成规。《念奴娇》与流行音律不合，它仍是可歌的，为词的目标读者而作。词中完全没有掉书袋或说理的习气，周瑜、诸葛亮的形象及其三国历史片段是通俗皆知的。关于赤壁之战的发生地点至今未有定论，但苏词中的黄冈"赤鼻矶"与史实不合（参王水照《苏轼选集》，上海古籍出版社，1984，页292），所以"人道是"虚晃一枪，含随俗色彩，却由此发挥艺术想象。上片写景，下片从"遥想"到"神游"，由实至虚，是虚写手法。其实与《赤壁赋》中苏子与客人游于赤壁的实写相异，一开始"大江东去"就好似记忆屏幕上的景象。与诗歌的恣肆放纵的平铺直叙或炫耀才学不同，在百字令的制约中严格遵循句式、段落与分阕的填词要求，有条不紊地配置场景描绘与感情抒发，如"一时多少豪杰""人生如梦"的议论也恰到好处，使整个心理过程伴随节奏的张力而展开，一气呵成，遂使这首《念奴娇》成为千古绝唱。

    这首《念奴娇》比一般"怀古"作品更为复杂，以周瑜为中心通过历史事件与自然景色的结构性描绘完成自我镜像的建构，显示一种想象虚构的逻辑，这也是苏轼对于词的形式创造性运用所致。以典型环境来烘托诗人心境，柳永是个高手，如《八声甘州》中"霜风凄紧，关河冷落，残照当楼"为苏轼所欣赏，他说："此语于诗句，不减唐人高处。"当然他也会把唐人的尺度来看自己的词作。这么说他对赤壁的景色描写得益于柳永也不为过。有趣的是苏门弟子的一次争论："晁无咎云：'眉山公之词短于情，盖不更此境耳。'陈后山曰：'宋玉不识巫山神女，而能赋之，岂待更而后知，是直以公为不及于情也。呜呼，风韵如东坡而谓不及于情，可乎？'"（王若虚《滹南遗老集》）晁无咎说苏词"短于情"，似道及其缺乏抒情的特质，而"不更此境"等于说苏轼缺乏情商，大约苏轼平时过于严肃。陈后山反驳说，宋玉描写襄王"巫山云雨"，难道需要亲身经历吗？这种文学想象功能的认识在今天是老生常谈，不过也有人指出周瑜在二十四五岁时与小乔结褵，赤壁之战是在十年之后，因此《念奴娇》的描写有违史实。这对苏轼不是问题，就像对待赤壁是否真实一样，词的表现是更为自由的。

若把《念奴娇》与苏轼的前后《赤壁赋》一起读，是很有意思的。《前赤壁赋》中对于"横槊赋诗，固一世之雄"的曹操，苏轼发了一通超然物外的议论，认为天地自有其盈虚消长之理，所谓"物各有主"，人生在世不必强求，而应该珍惜眼前美好。《后赤壁赋》则与历史无关，写苏轼与客人携酒与鱼来到赤壁之下，享受江月光景之乐。最后苏轼在孤舟中见到一只鹤横江而来，"翅如车轮，玄裳缟衣，戛然长鸣"，飞快掠过，又梦见骑鹤的道士，与之打躬作揖，奇趣横生，完全凭意象传达乐观豁达的美善境界。把文章与词作合起来看，可从各个侧面看到苏轼的超脱心态，不禁想起他的著名的《题西林壁》一诗："横看成岭侧成峰，远近高低各不同。不识庐山真面目，只缘身在此山中。"苏轼就是这样一位多方位创意的奇才，这里也有人生的启示，凡事能跳开一步看便能聪明许多。

苏轼在黄州创作的另一首词《卜算子·黄州定慧院寓居作》，是他初抵黄州寄寓在定慧（一作惠）院所作，也是自我形象的建构，其手法比《念奴娇》更为复杂精巧，词曰：

  缺月挂疏桐，漏断人初静。谁见幽人独往来，缥缈孤鸿影。　惊起却回头，有恨无人省。拣尽寒枝不肯栖，寂寞沙洲冷。（《东坡乐府笺》，页 191）

可资参照的有《定惠院寓居月夜偶出》诗两首（《苏轼诗集》，中华书局，1982，页 1032—34），以"幽人无事不出门，偶逐东风转良夜"开头，描写谪居的孤独心境，如"饮中真味老更浓，醉里狂言醒可怕"之句，自我解嘲又战战兢兢；或"少年辛苦真食蓼，老境安闲如啖蔗"，机智运用杜甫和白居易诗中典故，也是宋诗特色。此两诗写月夜所见所思，夹叙夹议，实景实写。而这首《卜算子》同是定慧院的月夜，与诗的实写相对，"谁见幽人独往来，缥缈孤鸿影"，如惊鸿隐现，身段境界全然不同，却是一篇虚构自我镜像的杰作。"幽人"向来指隐士，而苏轼是戴罪之身，生活在幽暗若灭之中，或取《易经》中"履道坦坦，幽人贞吉"之意，表达心地坦荡，孤傲不屈的心态。黄庭坚评曰："语意高妙，似非喫烟火食人语。"（《山谷题跋》）词中重复凄冷与孤寂的环境与意象凸显词人远离尘世孤高清绝的人格，然说不食烟火则不尽然，"有恨"透露出"幽人"坠入人生低谷的深刻痛苦，而"捡尽""不肯"也是不甘屈服的强烈姿态。但黄庭坚的观点不乏同调，如刘熙载也说："东坡词具神仙出世之姿。"（《艺概》）王鹏运说："苏其殆仙乎！"（《半塘未刊稿》）似乎都在强调苏轼超脱的人格，与他受佛道思想的影响不无关系，却在美学上涉及苏词与抒情传统的关系。既以反拨温、柳以来的"艳词"路子为出发点，那么创作实践中如何做到与情的疏隔？

《念奴娇》的历史题材与艳词切割，不妨碍作者的感情投入。《卜算子》也是自抒怀抱之作，把"幽人"作为自我镜像的隐喻，但刻意避免感情介入，不取通常的情景交融的手法，也不留议论点评的痕迹。静态的描写在温庭筠的词中司空见惯,如"翠钗金作股,钗上蝶双舞。心事竟谁知?月明花满枝"。(《菩萨蛮》其三,《花间集校注》,中华书局,2017,页20)温庭筠以工笔描绘闺房美人,金碧璀璨炫人眼目,重屏叠帷暗示其孤独。苏轼的写意"幽人"体现不同的美学趣尚与表现技法。以"缺月挂疏桐,漏断人初静"营造更深人静、月色朦胧的环境,而"谁见"引向他者,像温词"谁知"一样显出主体的孤寂,而来去缥缈的"幽人"在幽暗中隐现,更增几分神秘的气息。唐圭璋认为"谁见"两句指鸿也指人,含有看与被看的内在呼应。"惟有孤鸿缥缈"是鸿见人,而下片"惊起却回头",是人见鸿。因此"语语双关,高妙已极"(《唐宋词简释》,上海古籍出版社,1981,页94)。这说明文本的稠密与结构的巧妙。

"幽人"如此缥缈深藏,为何比作飞空的鸿?两者显见张力。这令人想起谢灵运的名作《登池上楼》:"潜虬媚幽姿,飞鸿响远音。薄霄愧云浮,栖川怍渊沉。进德智所拙,退耕力不任。徇禄反穷海,卧疴对空林。"此诗曲折描写遭贬谪的心境。苏轼应当熟知此诗,但他不想做"潜虬",不仅出于忌讳,而没有贵胄公子的那份野心。把幽人比作飞鸿,独来独往与不栖寒枝相呼应,表达自己逆境中自由而倔强的精神状态。此词吸收了温庭筠的客观描述手法,而通过意象与隐喻的张力结构成功展示了虚构的"幽人"形象。

有节制的抒情

词人不免卷入男女绯闻,苏轼也一样。关于《卜算子》,龙辅的《女红余志》说一个惠州女子仰慕苏轼,不肯嫁人,听说苏轼来做官,就说要嫁给他,每日在他窗前徘徊。这首词中"拣尽寒枝不肯栖"是为她写的。后来苏轼离任而去,这女子郁悒而死。苏轼晚年在惠州做官,《卜算子》作于黄州时期,这则词话不可靠。《古今词话》的一个段子是有关《贺新郎》的,说苏轼做钱塘太守时,与群僚宴饮,一个应召的歌妓迟到,席间一个官员很生气,一定要惩罚她,苏轼就写了这首词替她解了围。这跟钱愐《钱氏私志》中关于欧阳修在钱惟演手下当幕士的一段情节差不多，只是妓女迟到是与欧阳修有私情，结果欧阳修被罚，作了一首好词。《贺新郎》是描写"幽闺"之情的名篇，有人说词中"石榴"是苏轼的"侍妾"的名字，但《古今词话》中这则故事遭来抗议，胡仔说："东坡此词，冠绝古今，托意高远，宁为一妓而发耶！"(《苕溪渔隐丛话》)其实为妓女解围的故事还是蛮感人的，《古今词话》中的苏轼是一个正人君子，似乎反映了世人的普遍印象。

今存苏诗几乎没有直接赠予女性的作品，而苏词有数十首是赠予歌伎或妓女的。这现象很有意思，词对苏轼的确意味着放松，却产生丰富多样的社会与性别意义。如果说"以诗为词"包括"言志"功能，那么不能忽视其中游戏的成分。其实说苏轼反对柳永也不尽然，有一首《蝶恋花》云："昨夜秋风来万里。月上屏帏，冷透人衣袂。有客抱衾愁不寐，那堪玉漏长如岁。　羁舍留连归计未。梦断魂消，一枕相思泪。衣带渐宽无别意，新书报我添憔悴。"(《东坡乐府笺》，页409)说这首词是"艳词"一点都不冤枉，不光"衣带渐宽"取自柳永的

《凤栖梧》(《柳永词集》,上海古籍出版社,2017,页56),如"抱衾""羁舍"都是柳词惯用的母题,只是没那么香艳直露罢了。所以像李白、杜甫这一类多产名家,如果看他们的全集,可能对他们的尊敬会打折扣。

说一个苏轼感情世界的段子。他在黄州时,州太守徐君猷对他尊敬有加,常设家宴招待。徐家有数妾:妩卿、胜之、庆姬与懿懿,苏轼分别赠词给她们,如"眉长眼细,淡淡梳妆新绾髻。懊恼风情,春著花枝百态生"。"曲穷力困,笑倚人旁香喘喷"等(《东坡乐府笺》,页180—184)形容女孩们美貌,曲尽其娇态,当然不外乎"艳词"的套话。其中胜之最受徐的宠爱,所谓"天然宅院,赛了千千并万万。说与贤知,表德原来是胜之"(《减字木兰花·赠胜之》)。这么夸赞胜之绝色似出于对主人的尊重,苏轼一再赠词与她,又写一首《西江月》,序曰:"送建溪双井茶、谷帘泉与胜之。徐君猷家后房,甚慧丽,自陈叙本贵种也。"苏轼是茶痴,据记载,这两样茶与泉水都属天下第一,可见对她格外有心。

两年后苏轼得到调迁离开黄州,北上经过安徽当涂时作了《西江月》一词，题为"姑熟再见胜之"。词中"别梦已随流水，泪巾犹裛香泉"之语（《东坡乐府笺》，页215），指胜之的伤心。原来前一年徐君猷故世，苏轼作挽诗悼念。当他再见胜之，她已经另嫁了人。《挥麈后录》云："东坡北归国南郡，其人已归张乐之之子厚之恕矣。东坡复见之，不觉掩面号恸，妾乃顾其徒而大笑。东坡每以语人，为蓄婢之戒。"这戏剧性一幕意味深长。苏轼嚎啕大哭，应当是过于激动以致情绪失控，百感交集，恐怕不仅仅因为痛失好友，而胜之大笑，不能说全没心肝，既已属他人，如果当众与苏轼一起难过，岂不尴尬？然而她的大笑或含别的意思？或觉得苏轼对她有不了情？至于"为蓄婢之戒"应当是后话了。

苏轼自称"我辈情种"（《点绛唇》，《东坡乐府笺》，页254），然而在现实生活中他是自律而不免压抑的，俗言之属于"闷骚"类型，而在词的艺术园林里徜徉释放其隐秘欲望的想象。《念奴娇》中当战火纷飞、群英决胜之际，加入"小乔初嫁了"之句不无突兀，颇如好莱坞战争片无爱不欢，虽然苏轼点到为止，足显其浪漫情怀，设若没有这一笔,此词的逊色绝非一点点。词中"多情"一语也出现在另一名篇《蝶恋花》中:"墙里秋千墙外道。墙外行人,墙里佳人笑。笑渐不闻声渐悄,多情却被无情恼。"(《东坡乐府笺》,页403)这种"多情"可说是闷骚的活脱写照,而墙里与墙外、无情与多情之间的间隔装置,对于苏词的感情疏离特征颇具象征意义,是造成其艺术魅力的奥秘之一。最后再举一首苏轼的名作《水龙吟》,"次韵章质夫杨花词":

似花还似非花,也无人惜从教坠。抛家傍路,思量却是,无情有思。萦损柔肠,困酣娇眼,欲开还闭。梦随风万里,寻郎去处,又还被,莺呼起。

不恨此花飞尽,恨西园,落红难缀。晓来雨过,遗踪何在?一池萍碎。春色三分,二分尘土,一分流水。细看来,不是杨花,点点是离人泪。(《东坡乐府笺》,页245—246)

元祐初数年间苏轼在京师任翰林学士,乃其黄州之后最为惬意之时。有同僚章质夫作《水龙吟·杨花词》，传闻一时，苏轼作词和之。杨花即柳絮，一般比作妓女。章词以"燕忙莺懒芳残，正堤上柳花飘坠"开始，写杨花飘散在深锁庭院与珠帘绣阁，沾缀在佳人的春衣与床上，写得精工巧织，最后"望章台路杳，金鞍游荡，有盈盈泪"，方指涉妓女，似被王孙公子抛弃而泪目盈眶，与前面客观描绘杨花并无内在联系。苏词一开始"似花还似非花，也无人惜从教坠"，就把杨花比作妓女，看似像花，以花喻美人，但杨花又不是花，即指妓女的低微身份，她们坠落也无人可惜。唐圭璋说："全篇皆从一'惜'字生发。"(《唐宋词简释》，页91）说得甚是，作者一开始即表明其同情的姿态。接着"抛家傍路"，仍以第三者角度描写杨花无家可归，飘零路陌，而"思量却是，无情有思"巧妙地把对象转为"有思"之物。章词这一句"轻飞乱舞，点画青林，全无才思"，视杨花为死物，而苏轼则赋予其生命，与原词天壤之别。我们看到作者的声口、视点与描写对象的微妙互动。"萦损柔肠，困酣娇眼，欲开还闭"，描画得如此活灵，已是运用拟人化手法，几乎与杨花融为一体，而"梦随风万里，寻郎去处"点出"闺怨"主题，对于原词也是重要改造，此时读者也深受感染，如随女子"寻郎"而去，却"又还被、莺呼起"。如梦惊醒而无限惆怅幽怨。

下片，作者利用词的分段形式另辟时空，读者的视线突然落到"西园"而见一片"落红"，"不恨"与"而恨"发自作者的深情感叹，其感情的切入与转移，不止对杨花、更对暮春"落红"的普遍命运表示怜惜之情。"晓来雨过"之后"一池萍碎"是又一幅时空写景的拼贴镜头，"遗踪何在？"如作者的画外音，进一步追踪花的飘落，触及死亡的母题。"春色三分，二分尘土，一分流水"，让人直接听到作者的议论，等于是理性概括，意谓人间的美好春天，如依照三分法，两分是尘土，一分是流水。这么看令人沮丧，春天尚且如此，人生苦短情何以堪！最后"细看来，不是杨花，是点点离人泪"，还是归结为杨花的离情之苦。

"和韵"之作具应酬性质，通常不会成为佳作，但这首《水龙吟》让人惊艳不已。如张炎不主张作词和韵，尤其原词是仄声险韵，若勉强凑韵是"徒费苦思"，而东坡此词"机锋相摩，起句便让东坡出一头地，后片愈出愈奇，真是压倒千古"。(《词源》) 王国维也指出这比原作更像原创，又说："咏物词，自以东坡《水龙吟》为最工。"(《人间词话》) 在艺术上批评最富灼见的是刘熙载："起调'似花还似非花'，此句可作全词评语，盖不即不离也。"(《艺概》) 的确，"不即不离"也是我想说的，可代表苏词的一个重要特征，即有节制的抒情。从今天眼光看，读到那些滥情、肉麻或俗套的抒情表现就会起鸡皮疙瘩，这几乎是区别古典与现代的分界。苏轼这首《水龙吟》表达了对于女子不幸命运的深刻同情，在抒情、写景与议论之间穿梭、把握节奏，潜入对象内心又保持距离，展示其对人情世界的俯瞰与洞察及作品的多重内涵，体现了一种人性的高度。某种意义上作者自己也经历了像杨花一样脆弱的生命，如对三分春色的概括，那份悲观让我们联系到苏轼在政治上的挫败与幻灭。事实上，在元祐初年他在政治上达至巅峰之后，又遭贬谪到边远的惠州，其后又至更远的南海儋州，他的人生也差不多到了尽头。

捌 姜夔：『艳词』传统的内在裂变

感慨今昔扬州梦

姜夔字白石,其父姜噩,进士出身,官至汉阳知县。姜夔自小跟随父亲往来于江西、湖北一带。1176年（宋孝宗淳熙三年），南宋建立约五十年，他经过扬州作《扬州慢》一词，序曰："淳熙丙申至日，予过维扬。夜雪初霁，荠麦弥望。入其城则四顾萧条，寒水自碧。暮色渐起，戍角悲吟。予怀怆然，感慨今昔，因自度此曲。千岩老人以为有黍离之悲也。"词曰：

淮左名都，竹西佳处，解鞍少驻初程。过春风十里，尽荠麦青青。自胡马窥江去后，废池乔木，犹厌言兵。渐黄昏，清角吹寒，都在空城。

杜郎俊赏，算而今、重到须惊。纵豆蔻词工，青楼梦好，难赋深情。二十四桥仍在，波心荡、冷月无声。念桥边红药，年年知为谁生？（《全宋词》，页2180—2181）

姜词的一个特点是词前的小序交代与主旨有关的背景，文辞精心结撰，与词融会相映而成为一个意义整体。"感慨今昔"是这首词的主旨，在表意职能上，文与词是有主次区别的，前者担任直指事物的叙事功能，后者属于象征性文本，通篇将晚唐诗人杜牧作为今昔盛衰的比照，以明喻与暗喻手法将杜牧有关扬州的诗句巧妙织入词中，而语言的平仄四声与音律波动形成情绪的节奏。读者仿佛被置于互文结构与文学记忆的迷宫中，通过文学联想与情绪往复而体会作者的今昔感慨，达到对其自我形象的体认。

此词以"淮左名都，竹西佳处，解鞍少驻初程"起句，离扬州城外五里有竹西亭，表示自己路过以繁华著称的名都。点明地点，已暗用杜牧《题禅智寺》中"谁知竹西路，歌吹是扬州"的典故，由是文本开始舒张古今交叉的脉络，隐寓"感慨今昔"的主旨。"解鞍"息歇，刚下过雪，满目春光，田野上荠麦青青，作者心境舒畅，然而进城则满目荒凉。"自胡马窥江去后"乃回溯历史，指十六年前金主完颜亮领军南下，南宋江淮军败，扬州惨遭劫掠。序文已有"四顾萧条，寒水自碧。暮色渐起，戍角悲吟"之语，因此仅以"废池乔木，犹厌言兵"足以表达残败荒芜的景象，且从心理侧面表现不堪回首谈虎色变的精神后遗创伤，笔力凝练而雄健。

读者不难发觉，序文中"夜雪初霁"表明时值寒冬，与"过春风十里"相矛盾。其实这也来自杜牧《赠别》一诗："娉娉袅袅十三余，豆蔻梢头二月初。春风十里扬州路，卷上珠帘总不如。"在文学记忆的作用下，此时作者魂附杜牧，似一个风流俊少在扬州路上，对诗中描绘的豆蔻少女不免浮想翩翩。"扬州在唐时最为富盛"（沈括《梦溪笔谈》），杜牧对扬州情有独钟，在那里留下不少香艳踪迹，上面为一心爱妓女《赠别》诗可见一斑。

更脍炙人口的是他的《遣怀》一诗:"落魄江湖载酒行,楚腰纤细掌中轻。十年一觉扬州梦,赢得青楼薄幸名。"这种真率颓唐的自白在唐代之前的诗歌当中很少见,而这一"坏孩子"形象在后世赢得的歆慕远超道德的谴责。像姜夔那样的"文青"自然会把杜牧当作偶像,更何况来到扬州。"过春风十里,尽荠麦青青"之句混合着悦目景色与文学幻想,然而进入城中幻觉骤然破灭而跌入残酷的现实,"四顾萧条,寒水自碧",一切似乎被凝固在历史时空中。末句"渐黄昏,清角吹寒,都在空城"。总结一天里的奇幻感受,面对为凄清空寂所笼罩的现实,在此映照下"过春风十里"显出心理错觉的反讽,而作者与杜牧的重合镜像也告破裂。

词的下片叫作"换头"或"过片",须与上片气脉连贯,如张炎说:"最是过片不要断了曲意,须要承上接下。"(《词源》)如苏轼《念奴娇》的"遥想公瑾当年"与上片"三国周郎赤壁"相呼应。这首《扬州慢》的"杜郎俊赏"看似突兀,其实上片中隐约闪动杜牧的身影,这是姜词的微妙处。其中含有昔日扬州繁华的幻影,却在现实面前烟消云散,作者在追星失望之后显出其真身。于是在下片直接请出杜牧在前台亮相。所谓"算而今重到须惊",作者似舞台监督为他安排重临扬州的角色,并快镜般摄下他眼中的惊愕表情。虽然"废池乔木,犹厌言兵"已经以当地人的口吻表现扬州所遭受的劫难之深,而这里通过穿越历史杜牧的表情再度凸显扬州现状,为伤感加码。陈廷焯说:"'犹厌言兵'四字,包括无限伤乱语,他人累千百言,亦无此韵味。"(《白雨斋词话》)这种修辞手法如荷马在《伊利亚特》中描写罗马元老们见到海伦时觉得值得为之进行一场战争一样,奥尔巴哈在《摹仿论》中认为这胜过任何对海伦美貌的描绘。姜夔利用换头的转折揭示"感慨今昔"的主旨,并以抒发议论将主旨推向高潮。"纵豆蔻词工,青楼梦好"中"豆蔻"与"青楼"分别摘自上引《遣怀》与《赠别》,典型勾画出杜牧落魄风流的形象,然而"难赋深情"如重磅一击,乃核心所在。意谓萧条异代,盛况不再,自己不可能像杜牧那样倜傥优游,而处于国破家难的时代,像杜牧那样的才情是不够的,当然这也意味着

八 姜夔:"艳词"传统的内在裂变

这首《扬州慢》所表达的感情是更为深刻的，由是与杜牧拉开距离而凸显带有时代特征的自我。

将近尾声"二十四桥仍在，波心荡、冷月无声"继续使用互文策略，令人想起杜牧的《寄扬州韩绰判官》："青山隐隐水迢迢，秋尽江南草未凋。二十四桥明月夜，玉人何处教吹箫？"这也是描写扬州的名篇。玉人的箫声飘拂在明月照彻的"二十四桥"上，良辰美景足以销魂，略带赏心乐事谁家院的伤感。姜夔在衰败扬州的画卷上添加二十四桥这一标志性美景，"仍在"两字以去声落下，饱含遗恨之泪。"波心荡冷月无声"从杜诗化出，诗情画意统一在冷色调中，如死寂一般。其意境如"幽韵冷香，令人挹之无尽"（刘熙载《艺概》）。这一"荡"字下得极重，万念俱灰难掩内心激荡。所谓"一字得力，通首光彩"（先著《词洁》）。最后"念桥边红药，年年知为谁生"？天道有常，草木无情，这一无奈的诘问纠结着万般思绪，给读者留下寻思回味的空间。

这首词读来不露艰涩苦吟的痕迹，而用语讲究，刻意追求一种清俊冷峭的风格。就运用典故而言没有炫耀学问的习气，结构上看似单纯，围绕杜牧诗中的扬州典故而展开。把杜牧作为一面映照今昔的镜子，这无疑是独具匠心的选择。姜夔自言："僻事实用，熟事虚用。"（《白石道人诗说》）杜牧的这几首诗脍炙人口属于"熟事"，如"春风十里"、"豆蔻"、"青楼"与"二十四桥"皆"实用"杜诗，唤醒读者的文学记忆而在今昔对比中感慨万千，更精妙的是在"虚用"方面，即把杜牧作为繁华扬州的象征指符，同时通过自己与杜牧的镜像重叠，隐含自我从认同到抽离的过程。虽然未直接抒发"感慨今昔"的主题，而让读者通过暗示、意象与时空之间的想象而获得感官与情绪的体验与理解。布列松说："隐藏观念，但要令人找得到。最重要的藏得最密。"（《电影书写札记》，三联书店，2001，页23）这需要一种高难度的表现技能。

"艳词"传统的内在裂变

姜夔作这首《扬州慢》时才二十岁出头，技巧上相当圆熟，其清丽冷峻的风格已见端倪。从词的发展来看，苏轼"以诗为词"至南宋大放异彩，形成以辛弃疾为首的"豪放派"，姜夔比辛弃疾小十来岁，不像他的同辈刘过、叶适等追随豪放一路，或许因为姜词中有表现感伤时事、不忘君国的内容，且有几首词是写给辛弃疾的，不免模仿豪放风格的痕迹。因此不止一人把姜夔与辛弃疾作比较，谭献认为："白石、稼轩，同音笙磬，但清脆与镗鞳异响。"（《评周氏词辨》）说两人同台演奏，只是调门不同，周济说："白石脱胎稼轩，变驰骤为疏宕。"

(《宋四家词选》）也是指出豪放中的风格差异。至于陈洵说："南宋诸家，鲜不为稼轩牢笼者，龙州、后村、白石皆师法稼轩者也。二刘笃守师门，白石别开家法。"（《海绡说词》）龙州即刘过、后村即刘克庄，这很像辛氏铁粉的论调，但说姜夔"别开家法"不乏一得之见。刘熙载说："白石才子之词，稼轩豪杰之词；才子豪杰，各从其类爱之，强论得失，皆偏辞也。"（《艺概》）这是在打圆场，不过姜夔既属于"才子"，就很难在豪放派中立足了。

更有意思的是姜夔与周邦彦的比较，因为同属"婉约"营垒。其实自明代张綖把宋词分为"豪放"与"婉约"两派之后，至今似乎约定俗成，却也有简约化的危险。尤其是"婉约"一路包括从隋唐以来的众多作者，远较"豪放"派复杂，涉及"源流正变"的问题，词家争论不休。周、姜之争起始于张炎的《词源》，书中用"清空"概括姜夔的词风，又用"古雅峭拔"、"清虚"与"骚雅"等语加以发挥，以为词的最高境界，把周邦彦比了下去。他说："美成词只当看他浑成处，于软媚中有气魄,採唐诗融化如自己出者,乃其所长;惜乎意趣却不高远,所以出奇之语以白石骚雅之句润色之,真天机云锦也。"意谓姜夔在"意趣"上更为"高远"。自温、柳以来不脱"艳词"范畴,周的"软媚"当然属于这一路。沈义父最推崇周:"凡作词当亦清真为主。盖清真最为知音,且无一点市井气,下字运意,皆有法度,往往自唐宋诸贤诗句中来,而不用经史中生硬语面,此所以为冠绝也。"(《乐府指迷》)"最为知音"指周邦彦精通音律,徽宗时担任国立音乐机关大晟府提举,而"法度"和用典指他对词朝"雅"化方向发展的贡献。近代陈匪石曰:"周邦彦集词学之大成,前无古人,后无来者,凡两宋之千门万户,《清真》一集,几擅其全。"(《宋词举》)其实千门万户互相影响,流变多端,复杂交叉,任何定于一尊无非是一家之言,读者须多方参综比较,方能洞若观火而自下判断。

张炎说周邦彦"软媚中有气魄","软媚"有媚俗意味,彭孙遹抱不平说:"美成词如十三女子,玉艳珠鲜,正未可以其软媚而少之也。"(《金粟词话》)以"玉艳珠鲜"形容周是不差的，却有欠高雅。"软媚"毕竟是软肋，刘熙载说："周美成词，或称其无美不备。余谓论词莫先于品，美成词信富艳精工，只是当不得一个贞字。是以士大夫不肯学之，学之则不知终日意萦何处矣。"（《艺概》）所谓"品"与"贞"均涉及伦理范围，反映了清代士人的某种道德焦虑。

较为平允的如黄昇曰："白石词极妙，不减清真；其高处有美成所不能及。"（《绝妙词选》）陈廷焯说："美成、白石，各有至处，不必过为轩轾。顿挫之妙，理法之精，千古词宗，自属美成，然气体之超妙，则白石独有千古，美成亦不能至。"（《白雨斋词话》）都认为姜夔的"气体"高于周邦彦。最为形象的是郭麐把词分为四种"体"式，一种如"美人临妆，却扇一顾"，从《花间》到晏殊与欧阳修皆为代表；一种如"宫女题红，含情幽艳"，柳永之后秦观、周邦彦、贺铸等属于这一类；苏东坡则"以横绝一代之才""雄词高唱，别为一宗"，辛弃疾与刘过属这一派，然"粗豪太甚"；姜夔、张炎等人"一洗华靡，独标清绮，如瘦石孤花，清笙幽磬，入其境者疑有仙灵，闻其声者人人自远"，其后吴文英、周密"或扬或沿，皆有新隽，词之能事备矣"（《灵芬馆词话》）。这么描绘姜夔、张炎一派，似不食人间烟火，以致"人人远之"，似乎不太可爱。不过他们"一洗华靡，独标清绮"表明温、柳以来抒情词风的内在裂变。总之，凡把姜夔跟辛弃疾或周邦彦作比较的，都肯定姜夔另启门户，如江春说："盖自唐、五代、北宋之南渡，而白石始得其宗，截断众流，独标新旨，可谓长短句之至工者矣。"（《序陆钟辉刊本》）这意味着词在南宋时朝纵深发展，从他对后来的深刻影响来说，其意义不下于苏、辛豪放派的兴起。清代朱彝尊认为："词莫善于姜夔，宗之者张辑、卢祖皋、史达祖、吴文英、蒋捷、王沂孙、张炎、周密、陈允平……"在姜夔后面列出一大串，把他看作一代宗师。又在《词综》中声称："世人言词，必称北宋，然词至南宋始极工，至宋季始极其变。姜尧章氏最为杰出。"遂把姜夔树立为"浙西词派"的偶像，造成"家白石而户玉田"的奇观。后来，张惠言在《词选》中重新颂扬周邦彦而贬低姜夔，又造成"常州词派"引领词坛的局面。这种循环运动并非简单的重复，总会与时俱进地产生新的理论和作品。

张炎以"清空"来概括姜夔的风格，夏承焘认为"其实这只是张炎自己作词的标准"（《姜白石词编年笺校》，上海古籍出版社，1981，页8）。的确，姜词也有豪放成分，但毕竟是"才子"，以儿女之情为基调，仍接续了温、柳以来的艳科"正宗"。张炎对姜夔的诠释，诸如"野云孤飞，去留无迹"以及"清虚""骚雅"等强化了姜词与抒情传统的断裂。这一美学趋向在南宋形成并非偶然，从政治环境来说，处于北方军事威胁之下的苟安局面给士大夫造成道德紧张。豪放派的崛起显示慷慨激昂的情绪回应，给词坛带来震撼，而注重个人表现的如李清照，其词风与南渡之前大不相同，或如姜夔的《扬州慢》中与杜牧的疏离颇能象征"才子"身份的角色转换。从词的发展来看，周邦彦的"富艳精工"已把温、柳以来的"艳情"一路推向极致，因而需要某种突破。

姜词的世界是孤峭冷艳的，这与他出生"孤贫"与"孤僻"性格有关，也由其独特的诗法取径所致。他自述早年师法黄庭坚,从"三薰三沐黄太史氏"到后来"大悟学即病",以致"虽黄诗亦僾然高阁"(《白石道人诗集自叙》),经历了浸润与挣脱的过程,但影响仍是深刻的。黄庭坚的"点铁成金""夺胎换骨"之论从杜甫"语不惊人死不休"而来,与李白的"清水出芙蓉,天然去雕饰"逆袭而行,重视人工、讲究法度,渗透着宋人新的人文价值观,也是文学影响焦虑的结果。黄又强调"不俗"或"无一点尘俗气",把西昆体的组丽藻绘或唐诗的点缀风月都视为俗格而加以排斥。姜夔也讲究法度,以锻字炼句著称,有人指出他的"斗硬"或"涩"的毛病,可说是受"江西诗派"影响的痕迹。

姜夔由诗入手,自然须联系到"以诗入词"的苏轼,各自出发点不同,结果也不一样。表面上看,诗词互相观照使得眼界更宽,从题材看姜词八十多首,有感时抒怀、恋情思念、山水行旅、交游酬唱和咏物等,已是向诗看齐。实际上既深受黄庭坚影响,不可能不追到苏轼,《白石道人诗说》凡提到苏轼的,都涉及关键问题,如说:"语贵含蓄。东坡云,言有尽而意无穷者,天下之至言也。山谷尤谨于此。"姜词中"含蓄"是一个重要的美学概念，这一条说明他对苏、黄的传承了如指掌。另外像苏轼一样，姜夔也特别推崇陶渊明："陶渊明天资既高，趣诣又远。故其诗散而庄，淡而腴。断不容作邯郸语也。"（夏承焘校辑《白石诗词集》，人民文学出版社，1998，页67）对照苏轼说陶渊明"诗质而实绮，癯而实腴，自曹刘鲍谢李杜诸人，皆莫及也"（王水照选注《苏轼选集》，上海古籍出版社，1984，页18）。可见两人观点的一致。

姜夔可与辛弃疾比，也可与周邦彦比，显得面目复杂，不过把他与苏轼相提并论则非同小可，吴衡说："东坡之大，白石之高，殆不可以学而至。"（《照莲子词话》）陈廷焯认为唐宋名家派别林立，温庭筠之后十数位名家各独创一体，但"东坡、白石尤为矫矫"（《白雨斋词话》）。苏轼与姜夔确实具可比性。比方说苏轼创造了"清雄"或"清丽"的词风，或者被形容为"具神出世之姿"（《艺概》）。这些都指苏轼"横放杰出"（胡仔《苕溪渔隐丛话》后集），为词坛"指出向上一路，新天下之耳目"（王灼《碧鸡漫志》）。也就是一反温、柳以来绮丽靡曼的抒情传统而开创后来的豪放一派。而姜夔的标志性风格是"清空"，也被称为"白石老仙"（厉鹗《樊榭山房全集》）。刘熙载《艺概》中一个段子："词家称白石曰'白石老仙'。或问'毕竟与何仙相似？'曰：'藐姑冰雪，盖为近之。'"苏、姜之间的相似性具某种启示，从诗与词的历史运动来看，姜夔所造成"艳词"传统的断裂也是"指出向上一路"朝"清虚"与"骚雅"的方向发展，几乎是宋诗的移植，形式上沿袭黄庭坚的"江西诗派"，而精神上则以苏轼为指归。

姜夔的《白石道人诗说》专论诗的理念与技巧。开头说："大凡诗自有气象、体面、血脉、韵度。气象欲其浑厚，其失也俗。体面欲其宏大，其失也狂。血脉欲其贯穿，其失也露。韵度欲其飘逸，其失也轻。"（《白石诗词集》，页66）以"气象""体面"等概念搭建了一种追求唯美的理论框架，出现在宋末严羽的《沧浪诗话》之前，是值得重视的。谢章铤说："白石道人为词中大宗，论定久矣；读其说诗诸则，有与长短句相通者。"（《睹棋山庄词话》）并逐条摘取加以阐述。的确，他的诗说相当精妙，若以姜词为例更为合适。如追溯诗的本源："三百篇美刺箴怨皆无迹，当以心会心。"又说："诗本无体，三百篇皆天籁自鸣。"（《白石道人诗集自叙》）一个间接印证的例子是《扬州慢》的小序最后一句"千岩老人以为有黍离之悲也"。《诗经》中《黍离》一诗表现了作者对周朝式微的哀悼。其实这句话是后来添加的，"千岩老人"是萧德藻，用《诗经》来诠释《扬州慢》，对姜夔来说有特别的意义。

姜夔的诗说含有天然与工巧之间的张力。说"三百篇皆天籁自鸣"，当然是创作的最高境界，也出自苏轼："其来如风，其止如雨。如印印泥、如水在器。其苏子所谓不能不为者乎？"（《白石道人诗集自叙二》）照苏轼的说法："大略如行云流水，初无定质，但当行于所当行，常止于所不可不止，文理自然，姿态横生。"（《苏轼选集》，页420）这是一种随心所欲皆合法度的境界。但另一方面姜夔把诗艺专业化，讲究形式，所谓"守法度曰诗"，应当来自黄庭坚的影响。就词的发展来说，名家辈出,已形成影响的焦虑,由是产生批评与理论的需求,对于词学发展是必然趋势。像李清照的《词论》属于印象式批评,周邦彦"下字运意,皆有法度",没形成理论。姜夔说:"诗之不工,只是不精思耳。不思而作,虽多亦奚为?"提倡"思"能遵循艺术规律而避免粗制滥作,也会给天籁表现带来妨碍。这一点引起非议,周济说:"白石以诗法入门,门径浅狭,如孙过庭书,但使后人模仿。"(《介存庵论词杂著》)王国维进一步说:"予谓今人所以崇拜玉田,亦由于此。"(《人间词话》)"玉田"即张炎,这是针对清代"家白石而户玉田"所造成模仿而缺乏创意的毛病。这些批评不无道理,其实姜夔说:"诗说之作,非为能诗者作也,为不能诗者作而使之能诗。"为便于初学而提倡法度,最终目标是"天籁自鸣",因此说:"沉着痛快,天也。自然与学到,其为天一也。"相信"学"与"自然"是能够统一的。

两宋词差异明显,姜夔是关键,形式问题是一个结。王国维钟意五代、北宋词,瞧不上姜夔、吴文英等南宋词人,感慨说:"北宋风流,渡江遂绝,抑真有运会存乎其间耶。"(《人间词话》)与两宋兴衰的"运会"扯上关系，似跑离了纯文学立场。清初王士祯说南宋姜夔、吴文英等"尽态极妍，反有秦、李未到者，虽神韵天然处或减，要自令人有观止之叹"(《花草拾蒙》)。从他的"神韵观"来看，天真时代的失落令人惋惜，但看到姜、吴等人提供了为秦观、李清照所没有的新东西，使他叹为观止，这一点富于启迪。的确，南宋词开启了新的范式，豪放派在内容上刷新，就其写景抒情、直抒胸臆而言，大致上延续了词的抒情传统，当然带有南宋的词风，如在用典方面。姜、吴等人的形式讲求无疑使词的创作更趋复杂，实际上也是在人性表现与时代欣赏习惯方面含有新的要求所致。

《白石道人诗说》中不言"情"，只说："放情曰歌""委屈尽情曰曲"。他的词集为后人编刊，名之曰"歌曲"，当然离不开感情，但是从"以诗入词"角度看，姜词的感情结构更为复杂。如曰："诗有四种高妙。一曰理高妙，二曰意高妙，三曰想高妙，四曰自然高妙。""理"与说理或理学有关——姜夔得到过朱熹的称赞；"意"指意念、意趣或意志;"想"多半指想象性回忆。这些与"自然高妙"并列,单是"自然高妙"是不够的。姜夔讲得最多的"意",如"意中有景,景中有意",基本上"意"是兼有情趣与意会的审美体验。周济说:"北宋词多就景叙情","至稼轩、白石变而为即事叙景"(《介存斋论词杂著》)。这意味着表现方式不再是因景抒情,而围绕"事"来写景,这个"事"含有"意"的导向,让景色自然呈现,词由唱的变为看的,所以更诉诸读者的意会。这大约与音乐有关。据姜夔自述:"予颇喜自制曲,初率意为长短句,然后协以律。"(《长亭怨慢》)他是先作词,然后根据曲调加以剪裁,这就脱离了"依声填词"的原始形态,如"语贵含蓄""说景要微妙"这类要求说明抒情范式的转变,体现了词的文人化过程。

张炎《词源》说:"词要清空,不要质实。清空则古雅峭拔,质实则凝涩晦昧。姜白石如野云孤飞,去留无迹。"这个"清空"难以捉摸。还有"清虚",与"质实"相对,如陈锐说:"白石拟稼轩之豪快,而结体于虚。"(《袌碧斋诗话》)也有这层意思。陈廷焯说:"白石词以清虚为体。"他举《点绛唇》（丁未过吴松作）为例："通篇只写眼前景物，至结处云：'今何许，凭栏怀古，残柳参差舞。'感时伤事，只用'今何许'三字提唱；'凭栏怀古'以下，仅以'残柳'五字咏叹了之；无穷哀感，都在虚处，令读者吊古伤今，不能自止，洵推绝调。"（《白雨斋词话》）所谓"虚处"是运作于文本内部的结构性机制，使句子之间发生有机的联系，通过读者的感悟，能使"眼前景物"活起来。姜夔说："若句中无余字、篇中无长语、非善之善者也。句中有余味，篇中有余意，善之善者也。"意思是作词光做到字数与格律的精确是不够的，还要使"句中有余味，篇中有余意"，这就涉及内在结构的节奏与韵律。如邹祗谟形容："丽情密藻，尽态极妍，要其雕琢处无不有灰蛇蚓线之妙，则所云一气流贯也。"（《远志斋词衷》）"灰蛇蚓线"即指整首作品的内在关系。

刘熙载说："东坡《水龙吟》起曰：'似花还似非花'，此句可作全词评语，盖不即不离也。"有人问，怎么评价姜夔的《齐天乐》"咏蟋蟀"的名篇，他也用"似花还似非花"来回答。(《艺概》)苏轼的《杨花词》与姜夔的《齐天乐》都属"咏物"类型,都取"不即不离",即在物象的表象基础上对其共性作抽象的表现,用姜夔的话是"咏物而不滞于物者也"(沈雄《古今词话词评》),即不为"物"的形相所局限。虽然苏轼与姜夔相当不同,但在拓宽词的想象与虚构的功能方面都具开创性。陈廷焯认为:"东坡、白石,具有天授,非人力所可到。"(《白雨斋词话》)陈郁说:"白石姜尧章,奇声逸响,率多天然,自成一家。"(《藏一话腴》)冯煦说:"白石所作,超脱蹊径,天籁人力,两臻绝顶,笔之所至,神韵俱到。"(《蒿庵论词》)的确,这些批评都指出姜夔强调"法度",却不为所限,达到天然的境界。

饥饿艺术家

姜夔十多岁时父亲弃世，不久依靠他的姐姐。他的《昔游诗》小序说："夔蚤岁孤贫，奔走川陆。"十多首诗回顾青年时代在江淮湖湘一带的游历，如"须臾入别浦，万死得一生""此行值三厄，幸得躯命存"等历经艰险，为谋生"奔走"，也闯荡名山大川，描绘了登临洞庭、衡山、庐山等地的奇观异景，不免"徘徊望神州，沈叹英雄寡"的感慨。（《白石诗词集》）根据有限的传记资料，姜夔数次在乡里应试都不合格。宋代盛行科举，应举子弟由国子监或太学保送，或由地方官府推荐，即使获得应试资格，去京师以及在京租屋生活交际等需要相当的经济开销,这对姜夔是天高皇帝远。他喜欢读书、写诗,也热爱音乐与书法,走上一条自学成才的艺术家道路,各项技艺皆臻精致。当时读书人以科举仕途为正途,以立功立德立言为人生目标,像姜夔那样属于另类,命定不会走向世俗的荣耀,而在诗性自我的追求与完成中必定历经人生的艰辛。

他二十岁出头自制《扬州慢》曲调,在音乐方面造诣已深。他并无师承,靠天资与努力通晓历代乐典的沿革,今存十七首自制填词的工尺谱,是唯一留下来的宋代词学文献。在书法方面精于鉴赏,藏有四本王羲之的《兰亭序》,自述摹习该帖二十余年,却不得要领,然而他的书法被誉为"廻脱脂粉,一洗尘俗"(陶宗仪语),与其诗词风格一致。今见其跋《保母志》手迹,酷似晋人风神。陈造有诗云:"姜郎未仕不求田,依赖生涯九万笺。"言及他卖字为生。

明初张羽的《白石道人传》说姜夔:"性孤僻,尝于溪山精绝处,纵情深诣,人莫知其所入;或夜深星月满垂,朗吟独步,每寒涛朔吹凛凛迫人,夷犹自若也。"他的孤冷清虚的诗风的形成与其生性"孤僻"是分不开的。姜夔在《白石道人诗说自序》中提及，他在云游衡山的深林时见到一位一二百岁的隐士，给了他一卷秘籍，那是小说家笔法故弄玄虚，不过写这篇序时约三十岁，他的诗艺已经成熟，如《四库全书提要》所说："一以精思独造，自拔于宋人之外。"差不多此时他在长沙遇见当地做官的萧德藻，真的碰到了知音，萧对他极为赏识，"以为四十年作诗，始得此友"。见他是个寒士，把侄女嫁给他，且把他带到湖州居住。此后姜夔来往于苏、杭、合肥、金陵一带过着旅食客游的生活。萧德藻介绍他去杭州谒见了杨万里，又通过杨的推荐去苏州见了范成大，他们都属于"江西诗派"的大佬级人物，正感到该派流弊丛生时，见到姜夔能跳出牢笼自成一体，皆大加赞赏。范成大"以为翰墨人品皆似晋宋之雅士"。杨万里称他"文无所不工，甚似陆天随"，陆天随即晚唐诗人陆龟蒙，为杨所钟意，标志着他们返回唐诗的共同趋向。另如朱熹"既爱其文，又爱其深于礼乐"、辛弃疾"深服气长短句"等（周密《齐东野语》），姜夔由是名闻遐迩。

姜夔二十多岁时在合肥爱上一个擅弹琵琶的妓女，据夏承焘考证，十年间数度客居合肥，直到她离开为止，计有十八九首词表达对她的眷恋，然而都表达得十分隐晦，这方面姜夔与温庭筠、柳永、欧阳修等人不同，不是人见人爱，逢场作戏，似是深情苦恋的那种。当时合肥也属于边地，那些旅居的词作，"绿杨巷陌秋风起，边城一片离索。"（《凄凉犯》）"我已情多，十年幽梦，略曾如此。"（《水龙吟》）空城萧索，缠绵离思与慨叹孤独、忧患生平的篇什打成一片，典型者如"因梦思以述志"的《江梅引》一词："旧约扁舟，心事已成非。歌罢淮南《春草赋》，又萋萋，飘零客，泪沾衣"。另如"万里乾坤，百年身世，唯有此情苦"、"文章信美知何用，漫赢得天涯羁旅"（《玲珑四犯》）。构成其冷峭清丽、含蓄蕴藉的整体风格。

1191年冬，姜夔乘船载雪拜访范成大，其时范退休在家，赏梅吟诗，家妓唱曲，乃南宋一般高官的风气。姜夔住了个把月，作了两首咏梅的曲子，题为《暗香》《疏影》，范把玩不已，让他的家妓演唱。姜要回吴兴，范把唱曲的小红赠予他，对他来说不算什么，却给姜夔带来一道生命的彩虹。途中正遇大雪经过垂虹桥，他作《过垂虹》诗云："自琢新诗韵最娇，小红低唱我吹箫。曲终过尽松陵路，回首烟波十四桥。"所谓"人羡之如登仙"（《白石道人传》），这就更被传奇化了。另一个例子也可说明姜夔富于诗化的"清客"生涯。三年后他作《莺声绕红楼》一词，小序曰："甲辰春，平甫与予自越来吴，携家妓观梅于孤山之西村，命国工吹笛，妓皆以柳黄为衣。"平甫在杭州居住，做过官，家有资产，邀姜夔一起到吴中观梅，随带一班穿黄衣制服的家妓，极奢雅之能事。姜词曰："十亩梅花作雪飞。冷香下、携手多时。两年不到断桥西。长笛为予吹。　　人妒垂杨绿，春风为、染作仙衣。垂杨却又妒腰肢。近前舞丝丝。"（《全宋词》，页2170）上片叙述赏梅情景，末句将进入歌舞现场。下片以垂杨和人互相妒忌来刻画舞妓衣装身姿之美，体现姜词空灵"虚"写的特点。

南宋时期"江湖游士"势力很盛，大多是落第士子与落魄文人等，以诗文为干谒之具，据载宋谦父见贾似道,得楮币二十万,盖起豪宅。(《瀛奎律髓》)他们拉帮结派,制造流言蜚语,权贵为之侧目。上面姜夔与范成大、张平甫的例子含有"清客"与赞助人的依存关系,他却从事有意味的艺术生产,与一般江湖游士不同。陈郁说姜夔"家无立锥,而一饭未尝无食客,图史翰墨之藏充栋汗牛,襟期洒落,如晋宋间人"。(《藏一话腴》)姜夔不事生产,不善经营打理,喜欢收藏古董文物,喜欢交友,尽管穷困却慷慨待人。这很像晋宋之际贵胄子弟的名士气派,酷嗜文艺、精于艺技、追求艺术与美的生活,却与经济基础相冲突。《白石道人传》说他"晚年倦于津梁,常僦居西湖,屡困不能给资,贷于故人,或卖文以自食;然食客如故,亦仍不废啸傲"。这好似一幅"饥饿艺术家"的画像,无固定收入,不得不乞求接济。如他的朋友陈造在《次姜尧章赠诗卷中韵》中云:"太仓五升米,举室枵腹待""念君聚百指,一饱仰台馈",道出姜夔一家老少的生活窘况。其实在姜夔自己的诗中,饥饿是一个挥之不去的母题。他居住在湖州与白石洞天为邻,友人称他为"白石道人",他在诗中说:"佳名锡

我何敢辞，但愁自此长苦饥。"（《白石诗词集》，页22）又如："五仓空虚胃神哭，竟日悄悄无炊烟。"（《书乞米帖后》）

姜夔四十多岁移居杭州，经济上依靠张平甫有十年之久。晚年作《自叙》说："旧所依倚，惟有张兄平甫，其人甚贤，十年相处，甚于骨肉，而某亦竭诚尽力，忧乐关念。平甫念某困踬场屋，至欲输资以拜爵，某辞谢不愿；又欲割锡山之膏腴，以养其山林无用之身。惜乎，平甫下世，今惘惘然若有所失。"（周密《齐东野语》）他错过了仕途或资产营生的机会，失去了赞助人，又渐入老境，自然伤感。《自叙》说到他所结交的"皆当世俊士，不可悉数，或爱其人，或爱其诗，或爱其文，或爱其字"。"嗟乎，四海之内知己者不为少矣，而未有能振之于窭困无聊之地者。"慨叹空名无助于实际，流露出姜夔的依赖心理，也涉及经济自主的问题。不过居杭十余年间，他完成诗集、音乐、乐器考古、书法等著作，已是难能可贵，清人陈撰说："事事精习，率妙绝神品，虽终生草莱，而风流气韵足以标映后世；当乾淳间俗学充斥，文献湮替，乃能尚雅如此，洵称豪杰之士矣。"（《玉几山房听雨录》）且不说是不是"豪杰"。王国维说："东坡之旷在神，白石之旷在貌。白石如王衍，口不言阿堵物，而暗中为营三窟之计，此其所以可鄙也。"（《人间词话》）说姜夔人格"可鄙"，就不免苛刻。历史地看，像姜夔属于艺术创意工作者，在他那时，艺术为王室贵族所专享，还缺乏独立生存与发展的社会条件。这类人在晚明清初叫作"山人"，如李渔写戏曲小说、搞出版、替人设计园林等，所处的生产与消费环境有利得多，路子也宽广很多。

大约为了改变处境，姜夔有过两个大动作。庆元三年（1197）上书，指出朝廷所用的"雅乐"不合古制，提出改良方案，未被采纳。次年他作《圣宋铙歌鼓吹十二章》献给朝廷，用古乐配词歌颂宋朝"盛德"。显然奏效，当朝颁布诏书，允许他"免解"即不必经过乡试或地方推荐直接到京师礼部应试，结果不及格，与功名绝缘。

有人这么形容姜夔："气貌若不胜衣，而笔力足以扛百斛之鼎。"(陈郁《藏一话腴》)这对于姜夔的身份与他的追求作一种隐喻式的解读。儒家的"立德、立功、立言"的"三不朽"价值观，向来是中国士人的终极目标。这种价值观与经国大业、四书五经、三纲五常等联系在一起，无不含现世的功利性。姜夔在文学、音乐、书法诸方面取得成就而留名于史，在"三不朽"的体系之外为艺术争得一席之地。他终生"布衣"，以"游士"或"清客"为生存之道，所能拥有的资源都很有限，即便如此，他在自我完善的过程中尽力保持独立的人格。如《白石道人诗集自序》中一段话："余识千岩于潇湘之上，东来识诚斋、石湖，尝试论兹事，而诸公咸谓其与我合也。岂见其合者而遗其不合者耶？抑不合乃所以为合耶？抑亦欲俎豆于作者之间而姑谓其合耶？不然，何其合者众也。余又自哂曰：余之诗，余之诗耳。穷居而野处，用是陶写寂寞则可，必欲其步武作者，以钓能诗声，不惟不可，亦不敢。"面对萧德藻、杨万里与范成大等前辈大佬的赏识，对于与他们之间的"合"与"不合"有一番自我省视，最终声言"余之诗，余之诗耳"，坚持走自己的道路，这是很不容易的。与他追求艺术的独立性相一致，在词史上还没有人像他那么把形式放在首要位置，因此他可以说是"纯诗"的提倡者，并引领了"骚雅"一路的发展，这对这个文学史均具有理论与实践的意义与影响。

张平甫卒后，姜夔陷入困境，如其友人苏泂诗中说："十年知遇分生死，八口饥寒足叹嗟。"（《张平父逝后寄尧章》）嘉泰四年（1204），杭州城大火，姜夔的居舍也遭焚毁，这等于雪上加霜。如他的《寄上张参政诗》："应念无枝夜飞鹊，月寒风劲羽毛摧。"犹如绝望的哀告。他在浙东、嘉兴、金陵间奔波旅食，如他的《临安旅邸答苏虞叟》："万里青山无处隐，可怜投老客长安。"其友人苏泂也在《金陵杂咏》中说："白石鄱姜病更贫，几年白下往来频。"这些都反映了姜夔晚年的窘迫境况。他约五十五岁在杭州去世，家人无力为他殡丧，由友人吴潜等人的帮助，葬于钱唐门外西马塍。

玖 关汉卿：响珰珰一粒铜豌豆

宋词之后，元曲成为一种新的文学样式，与中国抒情韵文传统一脉相承，其源头得追溯到原始的歌舞，而生成与发展跟唐宋以来城市的兴起有关。如洛阳、开封、临安等城市随着经济发展产生满足市民娱乐需要的戏曲与说唱文艺。由于中国幅员广袤、文化多样，故事说唱、歌曲与戏剧表演的各种形式互相交流渗透，当然这些都涉及各地区之间，城乡、中外与雅俗之间的交流，到金代出现专业化的"院本"演出和讲唱叙事的"诸工调"，在此基础上至元代以大都（北京）为中心形成"元杂剧"的繁荣局面。

王国维的《宋元戏曲史》把元杂剧发展分为三期。第一期"蒙古时代"从元太宗至元世祖统一全国时期,作者皆为北方人,创作最为繁盛,以关汉卿、马致远、白朴、王实甫为代表。第二期"一统时代",作者多为南方人,以宫天挺、郑光祖、乔吉等为代表。第三期"至正时代",作者包括秦简夫、萧德祥、朱凯等。创作成就上,最突出的是关汉卿与王实甫。

据钟嗣成《录鬼簿》载,关汉卿号已斋叟,大都人,户籍属太医院,名列"前辈已死名公才人有所编传奇行于世者"。其生平资料很少,据其《杭州景》([南吕一枝花])"大元朝新附国,亡宋家旧华夷"之语,关汉卿由金入元,卒于南宋灭亡的1279年之后。

元曲分杂剧与散曲。在体例上元杂剧一般是一本四出,通常加一个楔子。也有例外的,如王实甫《西厢记》由数本组成。演员分末、旦、净、外、杂五种角色。每本由一人主唱,男角主唱的称"末本",女角主唱的称"旦本"。从音乐方面说,元曲以单支曲牌为基本单位,依照音色特点分属各个宫调。它的形成与词、诸宫调及民间音乐都有关系。每本杂剧以同一宫调两支以上的曲子联结"套数"组成。"散曲"分套数与小令。"套数"与杂剧的体例相似，又称"散套"，小令即单支曲子。

小令渊源于词的早期形态，如唐代白居易《忆江南》词："江南好，风景旧曾谙。日出江花红胜火，春来江水绿如蓝，能不忆江南！"词很快发展为上下两阕，这种单片的词牌很少。宋词中也有，如姜夔的《醉吟商小品》，只是偶然为之。至金元时期小令却得到长足发展，数量浩瀚，因此独立门户而成为富于时代特色的韵文样式。许多杂剧作家纷纷染指，写景抒情，历来传诵的如马致远的《天净沙》："枯藤老树昏鸦，小桥流水人家，古道西风瘦马。夕阳西下，断肠人在天涯。"前三句等于把"枯藤"等九样景色拼贴起来，构成一幅萧瑟而温馨的写意山水，然后"断肠人"点缀其间，让读者情景交融，意趣无穷。这种拼贴手法来自温庭筠的著名对句"鸡声茅店月，人迹板桥霜"，而另创新意，所描绘的更像宋人以来山水画的典型景致，且五句中四句押韵，体现了小令的形式特点，令人觉得玲珑剔透，充满韵味。所谓文学传统的传承总是局部的，常常在不经意的细枝末节之处，如灵光顿显，然而没有音乐、绘画与语言的世代累积及其交互影响，不会达到这样的境界。有的以专做小令著称，如卢挚（疏斋）、贯云石（酸斋）、张可久（小山）等。

关汉卿的［仙吕］《一半儿·题情》二首云：

> 碧纱窗外静无人，跪在床前忙要亲。骂了个负心回转身。虽是我话儿嗔，一半儿推辞一半儿肯。
>
> 银台灯灭篆烟残，独入罗帏淹泪眼。乍孤眠好教人情兴懒。薄设设被儿单。一半儿温和一半儿寒。（隋树森编，《全元散曲》，中华书局，1981，页156）

这两首描写爱恋中的女子，前一首刻画对负心情人欲拒还迎的心理，后一首因孤眠而感到意兴阑珊，悲戚难掩。以前文学作品中从女性视角或描摹女性口吻的并不多，宋词中李清照、朱淑真等为女性直接发声的作品更为难得。李清照的《点绛唇》:"见客入来,袜刬金钗溜。和羞走,倚门回首,却把青梅嗅。"像这样惟妙惟肖地描画少女回视客人的羞涩情态,有论者认为:"含羞迎笑,倚门回首,颇似市井妇女之行径,不似清照为人。"(《全宋词》,页934)因此不把它看作李的作品。另如朱淑真《生查子》一词:"去年元夜时,花市灯如昼。月上柳梢头,人约黄昏后。 今年元夜时,月与灯依旧,不见去年人,泪湿春衫袖。"(《朱淑真集注》,中华书局,2008,页246)据说朱"嫁为市井民妻",词中描绘灯节场景颇具市井气息,但内容有关私下与情人约会,引起道学之士非议。此词也收入欧阳修的《六一词》,因此一般认为不是朱的作品。这两个例子对女性的感情表现相当含蓄,已受到传统妇德的规训,仍不为主流价值所接受。但关汉卿笔下的女子直白地表达自己的悲喜之情,没有礼教方面的顾忌,这在以往的文学作品中是不曾有过的。

这样的表现意味着文学传统的断裂,是由于政治与文化环境的突变所造成的。元代蒙古族入主中原,带来了与中国传统迥异的文化，执政阶级注重工商业发展、崇尚实利，儒家的独尊地位及其思想统治力量被严重削弱，所谓"九儒十丐"，知识阶层的社会地位只比乞丐高。这种历史变动给知识阶层带来某种屈辱感，另一方面思想较少受到传统束缚而显得较为活泼松动。全国政治中心的大都，在马可波罗笔下十分繁盛，成为各民族文化交汇发散的中心，而在东南沿海区域城市生活也十分繁荣。在这种新的文化境遇中，关汉卿在创作上来说与其故意逆袭传统，毋宁是对他所熟悉的生活的一种自然的表现。上面小令中是一位普通女子，富于市井气息，在形式上《一半儿》每句用韵，一般使用平声韵，而第二首中"眼"和"懒"字为仄声，平仄之间可以通融。语言上运用口语、俗语，在遵守平仄格律时可随意增加衬字。这些特点使小令适合即兴、率性、浅露的感情表达，生动揭示了欲望或本能的心理层面，遂突破"温柔敦厚"的"诗教"的规限。值得注意的是文学传统的明显断裂中又有密切的关联，如上面与李清照、朱淑真相关的两首词含有"市井"因素，另一方面，关汉卿的第二首中"银台灯灭篆烟残"之句似曾相识,显然延续了《花间集》的"艳词"风格,是元代在文化上不断汉化的表征。我们再来看关汉卿的"套数"《不伏老》:

〔不伏老〕攀出墙朵朵花,折临路枝枝柳。花攀红蕊嫩,柳折翠条柔,浪子风流。凭着我折柳攀花手,直煞得花残柳败休。半生来折柳攀花,一世里眠花卧柳。

〔梁州〕我是个普天下郎君领袖,盖世界浪子班头。愿朱颜不改常依旧,花中消遣,酒内忘忧。分茶攧竹,打马藏阄。通五音六律滑熟,甚闲愁到我心头?伴的是银筝女银台前理银筝笑倚银屏,伴的是玉天仙携玉手并玉肩同登玉楼,伴的是金钗客歌金缕捧金樽满泛金瓯。你道我老也,暂休。占排场风月功名首,更玲珑又剔透。我是个锦阵花营都帅头,曾玩府游州。

〔隔尾〕子弟每是个茅草冈沙土窝初生的兔羔儿乍向围场上走,我是个经笼罩受索网苍翎毛老野鸡蹅踏的阵马儿熟。经了些窝弓冷箭镴枪头，不曾落人后。恰不道人到中年万事休，我怎肯虚度了春秋。

〔尾〕我是个蒸不烂煮不熟捶不匾炒不爆响珰珰一粒铜豌豆，恁子弟每谁教你钻入他锄不断斫不下解不开顿不脱慢腾腾千层锦套头？我玩的是梁园月，饮的是东京酒，赏的是洛阳花，攀的是章台柳。我也会围棋会蹴踘会打围会插科会歌舞会吹弹会咽作会吟诗会双陆。你便是落了我牙歪了我嘴瘸了我腿折了我手，天赐与我这几般儿歹症候，尚兀自不肯休！则除是阎王亲自唤，神鬼自来勾。三魂归地府，七魄丧冥幽。天哪！那其间才不向烟花路儿上走！
（《全元散曲》，页173）

《录鬼簿》中贾仲明的吊词说关汉卿是"驱梨园领袖，总编修师首，捻杂剧班头"，是当时演艺界的领袖人物。《析津志》说他"生而倜傥，博学能文，滑稽多智，蕴藉风流，为一时之冠"。明代的臧晋叔《元曲选·序》说他"躬践排场，面敷粉墨。以为我家生活，偶倡优而不辞"。中国历史上"倡优"的社会地位很低，向来被士大夫视为贱业，而这组套曲可看作关汉卿的自我画像，而"我是个普天下郎君领袖，盖世界浪子班头"不啻是一种"倡优"的自我意识的表现，而所谓"普天下"与"盖世界"，也含有为中国代言之意。就中国文学史而言，这样的"倡优"宣言的确可以说是空前绝后。有趣的是在关汉卿之前，如柳永《传花枝》一词：

平生自负，风流才调。口儿里、道知张陈赵。唱新词，改难令，总知颠倒。解刷扮，能唓嗻，表里都峭。每遇著、饮席歌筵，人人尽道。可惜许老了。

阎罗大伯曾教来，道人生、但不须烦恼。遇良辰，当美景，追欢买笑。剩活取百十年，只恁厮好。若限满、鬼使来追，待倩个、掩通著到。(《全宋词》，页20)

宋初柳永是风靡一时的词人，所谓"凡有井水饮处，即能歌柳词"(冯煦《蒿庵论词》)，即形容其盛况。宋翔凤说："宋仁宗朝，中原息兵，汴京繁庶，歌台舞席，竞赌新声。耆卿失意无俚，留连坊曲，遂尽收俚俗语言，编入词中，以便伎人传习。一时动听，散播四方。"（《乐府余论》）即反映了城市的繁华与柳永和乐工妓女的密切关系。这首《传花枝》是一个流行歌场当行曲家的自我写照，为"风流才调"而感到"自负"，夹杂许多俚俗口语，留连"追欢买笑"的生涯而坦然面对前来勾魂的"阎罗大伯"。相似的语言与主题在关汉卿的《不伏老》得到重现，说明文化传统既断裂又连续，随着政治与经济因素而发生突变，但其深厚的内力仍在滋长保持其生命的延续。柳永更擅长把古典诗歌的抒情要素程式化，富于大众欲望的世俗气息。在他的词作中，像《传花枝》的作品几乎凤毛麟角，虽然较直接地体现了市井精神，却是相当肤浅的。并不奇怪，在后来的世俗文学中，柳永是大众心目中的偶像。在明代洪楩编的小说集《清平山堂话本》中有一篇《柳耆卿诗酒玩江楼记》，写柳永在京师以风流倜傥而深受妓女们爱宠，后来被外放到浙江当余杭县官。他看上了一个妓女，设计使她遭受歹徒的非礼凌辱，然后以掌握其隐私为把柄，胁迫她顺从而满足他的欲望。对于这样的流氓行为，小说作者不以为非，反而表示艳羡的态度。在晚明冯梦龙编撰的《喻世名言》中也有一篇《众名姬春风吊柳七》，改写了这个故事。柳永是风流情种，却富于同情心与正义感。他惩罚了强暴妓女的刘员外，而成就了她与黄秀才的爱情，因此受到妓女们的爱戴。柳永的故事不断在民间流传，其形象的变化受到不同时期或不同群体的市井阶层道德观念的制约。

如关汉卿《不伏老》所示，"倡优"角色亮相于"世界"舞台之前，就这种历史性突变而言，很像孙悟空一个筋斗翻出三十三天，这也是意识形态处于某种真空状态所致。然而，这首套曲的价值在其形式表现，连珠炮般的排比句式，一韵到底的快速节奏都表现出作家自我精神的力度与强度，而连串的意象几乎是全新原创的，当然基本上来自作者的演艺生活，对于士大夫是陌生的。如果以苏轼的例子作比照，在"以诗为词"的观念驱使苏轼为词开出一片新天地，文士们形容他"横放杰出"

"指出向上一路，新天下耳目"，说明在长久形成的文学传统的重压之下能够突围而出，需要天才般的力道。虽然关汉卿好似进入一片新大陆，但能如此纵性奔放的自由挥洒，如果没有艺术技巧上的纯熟把握、没有对生活与专业的热爱与对自我的充分尊重，也难以达到某种历史的高度。

据隋树森所辑《全元散曲》，共有元代小令三千八百多首、套数四百五十余套，虽然数量远不及唐诗宋词，但元代立国九十余年，也远不能与二百九十年的唐、三百二十年的宋相比，而且文学上主要成就为杂剧，也足以成为令人骄傲的一代之文学了。元曲中也有少数女性作者，如珠帘秀，本姓朱，是独步一时的杂剧演员，扮演旦角或末角等悉造其妙，关汉卿、冯海粟等都与她有交往。《全元散曲》中有她的小令与套曲各一首。其小令〔双调〕《寿阳曲-答卢疏斋山》云：

山无数，烟万缕。憔悴煞玉堂人物。

自女性视角咏叹"玉堂人物",是李清照的作派,似乎勾画了一幅不得志的士人的心理写照,也颇有气魄。

关汉卿是一位伟大的作家。他的杂剧见于著录的有六十多种,今存18种,个别作品是否为他所作上有争议。他与白朴、马致远、郑光祖并称为"元曲四大家",而公认他的成就最大。其中《感天动地窦娥冤》是一出悲剧,具有震撼人心的力量。王国维视之为世界伟大悲剧之一。剧本描写孤女窦娥被卖作童养媳,又不幸成为寡妇,遭到地痞恶棍张驴儿父子的陷害,因不忍见到婆婆被拷打而承认了被诬陷的罪名,又被昏庸贪婪的官府处死。关汉卿通过善良孝顺的窦娥与她的悲惨遭遇揭示了世道的黑暗与不公。在临行前窦娥满腔悲愤地呼喊:

[滚绣球]有日月朝暮悬,有鬼神掌着生死权。天地也,只合把清浊分辨,可怎生糊突了盗跖、颜渊?为善的、受贫穷更命短;造恶的、享富贵又寿延。天地也,做得个怕硬欺软,却原来也这般顺水推船!地也,你不分好歹何为地!天也,你错勘贤

愚枉做天!哎,只落得两泪涟涟。

窦娥的冤屈感动上天,她许下的三个誓愿——血溅白练、六月降雪与三年大旱———一兑现,最后她的中举做官的父亲替她平反冤狱,方体现公道而大快人心。另外在《包待制智斩鲁斋郎》与《包待制三勘蝴蝶梦》两剧中描写刚正不阿的包公与社会恶势力作斗争而为百姓伸张正义的故事。

《赵盼儿风月救风尘》是一出喜剧,描写风尘女子赵盼儿、宋引章与流氓恶少周舍的故事。天真的宋引章轻信周舍而遭到欺骗,机智沉着的赵盼儿施展身段与周舍周旋,以色相引诱而使之中计,遂把宋救出火坑。《望江亭中秋切鲙》中的谭记儿面对企图谋害她丈夫而占有她的杨衙内,运用酒色巧计而使他落到可笑可悲的下场。像这类表现爱情与婚姻的还有《诈妮子调风月》与《闺怨佳人拜月亭》等,都对女性寄予深刻的同情,并表彰了她们的真挚感情与善良、机智的品格。在《关大王独赴单刀会》《尉迟恭单鞭夺槊》《关张双赴西蜀梦》等历史剧中关汉卿突出英雄形象，宣扬忠奸的传统道德及中国正统观念。

元曲的兴起意味着中国文学进入近世，紧贴着城市经济的繁荣、大众文学消费市场的形成和印刷传播的拓展，无论在内容与形式上都展现前所未有的波澜壮阔、千姿百态的景观，大大丰富了中国文学的宝藏，也纵深拓展了文化发展的版图。在诗词中作家通过抒情手段直接表现自我，而戏曲则是代言体叙事，对于作家的自我来说是间接的表达。像关汉卿的剧作涉及言情、公案、讲史等广泛题材，所创造的人物就女性而言，如窦娥、谭记儿、燕燕等皆属平民阶层，却各各不同，或如赵盼儿、宋引章、杜蕊娘、谢天香等妓女画像也各具个性。这就需要作家对现实社会及各阶层人物有广泛而深切的体验，同时也需熟悉历史、把握大众心理。在戏曲形式上，关汉卿成功塑造了一系列为大众喜闻乐见的人物形象，以人物心理为主轴组织情节开展，语言上将世俗生活的俚俗口语与诗词的抒情传统熔于一炉，从而为中国戏剧艺术的发展作出了杰出的贡献。

正如我在本书开头说的,我们对于"一代有一代之文学"的说法应当有一种辩证的认识,就像元曲兴起之后,诗词仍在不断的发展,仍产生好的作品。这样能使我们更全面地把握中国文学的丰富与复杂。

图书在版编目（CIP）数据

词曲吟唱的中国 / 陈建华著. -- 上海：上海文艺出版社, 2022.8

（九说中国. 第二辑）

ISBN 978-7-5321-7897-1

Ⅰ.①词… Ⅱ.①陈… Ⅲ.①古典诗歌－诗歌研究－中国

Ⅳ.①I207.22

中国版本图书馆CIP数据核字(2021)第031543号

发 行 人：毕　胜
策 划 人：孙　晶
责任编辑：胡曦露
封面设计：胡斌工作室

书　　名：词曲吟唱的中国
作　　者：陈建华
出　　版：上海世纪出版集团　上海文艺出版社
地　　址：上海市闵行区号景路159弄A座2楼 201101
发　　行：上海文艺出版社发行中心
　　　　　上海市闵行区号景路159弄A座2楼206室　201101　www.ewen.co
印　　刷：上海天地海设计印刷有限公司
开　　本：787×1092　1/32
印　　张：8.125
插　　页：5
字　　数：112,000
印　　次：2022年8月第1版　2022年8月第1次印刷
Ｉ Ｓ Ｂ Ｎ：978-7-5321-7897-1/G·0314
定　　价：49.00元
告 读 者：如发现本书有质量问题请与印刷厂质量科联系